Siegbert Eisermann

... und folget ihrem Glauben nach

Siegbert Eisermann

... und folget ihrem Glauben nach

Wie der Glaube der Christen durch das Leben Einzelner zu einem befreienden und helfenden Handeln Mut machte

Fromm Verlag

Impressum/Imprint (nur für Deutschland/ only for Germany)
Bibliografische Information der Deutschen Nationalbibliothek: Die Deutsche Nationalbibliothek verzeichnet diese Publikation in der Deutschen Nationalbibliografie; detaillierte bibliografische Daten sind im Internet über http://dnb.d-nb.de abrufbar.

Contact:
International Book Market Service Ltd., 17 Rue Meldrum, Beau Bassin, 1713-01 Mauritius
Website: www.bookmarketservice.com
Email: info@bookmarketservice.com

Gedruckt in: USA, UK, Deutschland. Dieses Buch wurde nicht in Mauritius produziert.

Imprint (only for USA, GB)
Bibliographic information published by the Deutsche Nationalbibliothek: The Deutsche Nationalbibliothek lists this publication in the Deutsche Nationalbibliografie; detailed bibliographic data are available in the Internet at http://dnb.d-nb.de.

Contact:
International Book Market Service Ltd., 17 Rue Meldrum, Beau Bassin, 1713-01 Mauritius
Website: www.bookmarketservice.com
Email: info@bookmarketservice.com

Printed in: U.S.A., U.K., Germany. This book was not produced in Mauritius.

ISBN: 978-3-8416-0131-5

Siegbert Eisermann

... und folget ihrem Glauben nach

Wie der Glaube der Christen durch das Leben Einzelner zu einem befreienden und helfenden Handeln Mut machte

Inhaltsverzeichnis

Inhaltsverzeichnis 3

Einleitung 5

1. Vom Jüngerkreis zum "Vortrupp des Lebens" 7

Gemeinde – Diakonie/Caritas:
Wie zusammenwuchs was zusammengehört 13

Franz von Assisi 20

Martin Luther 24

August Hermann Francke 32

2. Der Glaube der Christen in der Neuzeit 35

Johann-Hinrich Wichern 52

Dietrich Bonhoeffer 58

Martin Luther King jun. 75

Helmut Gollwitzer 86

3. Ausblick 97

Einleitung

In seinem Buch **'Die Geschichte des christlichen Ordenslebens'** [1] zeichnet der Franziskaner Leonhard Holtz die zweitausendjährige Ordensgeschichte nach. Er tut es nie glorifizierend. Er schildert die Zersetzung und den Zerfall, die Schwächen und den nahenden Untergang - und dann auch immer wieder den Neuanfang. Nie flächendeckend, nie großartig geplant, nie imponierend in den Stil gestoßen, sondern so: *"... Mönche erneuern die Kirche, einfach dadurch, dass sie ihr eigenes Leben erneuern" und Spätere sind es dann, die zur großen Überraschung feststellen, dass "sie dadurch die Welt veränderten."* [2] Oder an anderer Stelle heißt es: *"Aus unscheinbaren Ansätzen an der Basis der Kirche ohne offiziell-kirchliche Planung oder Entscheidung, einfach so, entsteht eine erstaunliche Bewegung, durch die trotz aller Verderbnis und Zersetzung die Kirche tatsächlich erneuert wird."* [3] Oder: *"Nicht die spöttische, unreligiöse, oft niederreißende Kritik vieler Humanisten, nicht die konfessionelle Polemik, nicht einmal gewaltsame Änderung und Abschaffung kirchlicher Einrichtungen hat "einen Neuanfang vermocht", sondern die stille persönliche Rückkehr einzelner Menschen zu einem wahrhaft christlichen Leben."* [4]

Das, was Leonard Holtz mit diesen Worten feststellt, gilt nicht nur für das Ordensleben. Nicht so sehr die Beschlüsse von Konzilien oder Synoden, auch nicht Entscheidungen von Kirchenleitungen oder Konsistorien haben der Christusbewegung neue Wege gewiesen. In den zurückliegenden zweitausend Jahre Kirchengeschichte waren es immer einzelne Christen oder es waren kleine Gruppen, die oft am Rand der offizielle Kirche lebten, die durch ihren Glauben und durch ihr Mut machendes Beispiel ein neues, auf Zukunft gerichtetes Kapitel der Christengeschichte eröffneten. Auch so bewahrheitet sich, was ein bekanntes afrikanisches Sprichwort sagt: *"Viele kleine Leute, die viele kleine Schritte tun werden das Gesicht der Erde verändern."*

In zwei kurzen Überblicken wird im vorliegenden Buch zunächst nachgezeichnet, wie aus der Jüngerschaft Jesu, eine in die Zukunft gerichtete Bewegung entstand, die der Theologe Helmut Gollwitzer mit gutem Grund "Vortrupp des Lebens" nannte. Einige Glaubenserkenntnisse und daraus entspringende Handlungsmuster von drei, mehr zufällig ausgewählten Persönlichkeiten - Franz von Assisi, Martin Luther und August Hermann Francke – werden nach dem ersten Überblick dargestellt.

---

[1] Leonhard Holtz, Geschichte des christlichen Ordenslebens, Benzinger Verlag Zürich 1986
[2] ebenda, S. 99
[3] ebenda, S. 207
[4] ebenda, S. 213

Ein zweiter Überblick zeichnet in wenigen Strichen nach, wie unterschiedlich aber immer in der aktiven zeitgeschichtlichen Auseinandersetzung sich in der Neuzeit "Spielarten des Christen-Glaubens" neu entwickelten. Auch nach diesem Überblick wird dann der Focus auf vier Christuszeugen gerichtet, die in beispielhafter Weise zu einem Nachfolgeweg Mut machten: Johann-Hinrich Wichern, Dietrich Bonhoeffer, Martin Luther King jun. und Helmut Gollwitzer.

Der uns unbekannte Briefschreiber, der vermutlich im zweiten Jahrhundert nach Christus für Heidenchristen den Hebräerbrief verfasst hat, ermutigt seine Leser und Hörer, das Glauben, Hoffen und Lieben der vielen uns vorangegangenen Christuszeugen – er nennt sie 'Wolke der Zeugen' zu bedenken, allen voran das Leben derer, die uns zu Lehrern geworden sind.
"Gedenket an eure Lehrer, die euch das Wort Gottes gesagt haben; ihr Ende schauet an und folget ihrem Glauben nach." (Hebräer 13,7)

So ganz zufällig ist also die Auswahl derer, dessen Glauben, Hoffen und Lieben in diesem kleinen Buch näher betrachtet werden, nicht. Dem Verfasser sind und waren sie wie Lehrer.

Hattingen/Ruhr, Pfingsten 2011

Siegbert Eisermann

1

Vom Jüngerkreis zum Vortrupp des Lebens [5]

Jesus-Christus, das eine und letztgültige Wort Gottes [6] wird in den Schriften des Neuen Testamentes vielschichtig und vielgestaltig bezeugt. Dass seine Sendung eine reichhaltige und unterschiedlich gestaltete Nachfolgebewegung ausgelöst hat, läßt sich schon daran erkennen, dass sie in den verschiedensten Schriften in sehr unterschiedlichen Bildern dargestellt wird. So steht neben dem paulinischen Bild des Leibes Christi (Rö 12,4 - 6; 1. Kor. 12, 12 -31 und Eph 4,15; Kol 1, 8) das johanneische vom Guten Hirten, der seine Herde leitet (Joh 10, 1 -18). Im Hebräerbrief wird die Kirche das "Volk Gottes" genannt, dessen Glieder schicksalhaft zusammengehören und sich eingegliedert wissen in die größere Gemeinschaft. Die eschatologische Dimension wird durch das Bild von der Kirche als Braut, die auf den Bräutigam wartet (Mt 9,15; Eph 5,21-33) ausgedrückt, während die Kirche als "Haus Gottes" (Eph 2,20f; Petr 2,5) auf Zuverlässigkeit, Geborgenheit und Standfestigkeit verweist. [7]

So unterschiedlich diese Bilder und Konzepte auch sein mögen, hierin stimmen sie überein: Die Nachfolger wissen sich auf Christus angewiesen: "Ohne ihn können sie nichts tun (Joh 15,5). Er ist der Grund - oder Eckstein (1. Kor 3,11; Eph 2,20); - das Haupt des Leibes (Eph 1,22; 4,15) [8]; - der Weinstock, an dem sie, die Jünger, die Reben sind (Joh 15,1ff); der Bräutigam, dem sie zugeführt werden (Mt 25,6)"...

Er, auf den sie angewiesen sind, hat sie herausgerufen (damit zur ECCLESIA gemacht) und zu neuer Gemeinschaft (KOINONIA) befähigt. Diese neue Gemeinschaft lebt der Zukunft Gottes, dem Reich Gottes entgegen, die in ihren Anfängen schon hier und jetzt begonnen hat. Schauen wir auf die Anfänge:

In dem Zimmermannssohn Jesus von Nazareth, der mit der Guten Nachricht auftrat, dass das Reich Gottes herbeigekommen ist, (Mk 1,15) erleben die Nachfolger die Erfüllung alttestamentlicher Verheißungen.

Jesus wirkt die Christuswerke (Mt 11, 4-5; Jes. 35, 5-6; 61,1), sein Weg kann als der Weg des rätselhaften Gottes-Knechtes (Jes. 42,1-4(9); 49, 1-6; 50, 4-9; 52, 13-53, 12) dargestellt werden. Jesus identifiziert sich mit dem Menschensohn, "... den vom Himmel kom-

---

[5] Den Begriff "Vortrupp des Lebens" habe ich von Helmut Gollwitzer übernommen: TB Kaiser München 1975;

[6] Joh 1,1; so auch 1. These der Barmer Theologischen Erklärung.

[7] Martin Stiewe, Christus als Gemeinde existierend; in Miss. Wort 3/77 - S. 90.

[8] so bei den Deutoro-Paulinen (DtrPl), während bei Paulus: Rö 12 und 1.Kor 12 das Zusammenspiel der Charismen den Christusleib ergeben, woraus Bonhoeffer die Formel: Christus als Gemeinde existierend" ableitete.

menden, äußerlich einem Menschen gleichen Welterlöser." [9] Wobei sein "dürftiges Leben" zur "Verborgenheit des Menschensohnes gehört" und auf die Zukunft weist. [10]

In Vollmacht, - also nicht wie die Schriftgelehrten (Mt 7,29) - bringt Jesus den Elenden Gute Botschaft (Mt 5, 3-10), verbindet Zerbrochenes, verkündigt den Gefangenen die Freiheit und hebt Vereinzelungen, Isolierungen und Rivalitäten auf (Mt 8-9). Vor allem aber deutet er jede Form des erlebten Nicht-Friedens als Folge menschlicher Überheblichkeit (Hybris), als ein Leben ohne Gott. Deshalb der Bußruf als Ruf zur Umkehr aus dieser Trennung hinein in eine neue Gottesbeziehung. Dies alles im Bewußtsein, dass das Gottes Reich von kleinen, unscheinbaren Anfängen (siehe die Reich-Gottes-Gleichnisse Mk 4,30ff) ohne Kampf (so die Zeloten), ohne Askese (so Johannes der Täufer), ohne Vorleistungen auf menschlicher Seite (so das zeitgenössische Judentum), - allein, weil Gott es so will und wann Gott es will, hereinbricht (Mk 4,26-29).

In Mt 9, 36-38 wird erzählt, wie die Zuwendung Jesu dem hereinbrechenden Reich Gottes entspricht. Die Menschen, die Jesus sah, waren "verschmachtet und zerstreut wie Schafe, die keinen Hirten haben." – "Da jammert es ihn." Knapper und präziser kann die Situation der Menschen ohne Gott - und das Christus-Zeugnis nicht dargestellt werden! Gott wendet sich in seinem Boten aus "Jammer" (Barmherzigkeit; VULGATA: misere = Misereor) den Mühseligen und Beladenen, den Ausgebooteten und Gehandicapten zu - und er sagt ihnen, was sie weder sehen noch erleben können: Es ist Zeit zur Ernte! (2. Kor 6,2)

In seinem ganzen Leben, das von Beginn an immer auch Leiden war, bleibt Jesus dieser Zuwendung treu und hält sie bis zur bitteren Konsequenz des Kreuztodes durch. In dieser Zuwendung bis zum Tod erfüllt sich der Weg dessen, der unter uns sein wollte, "wie ein Diakon" (Lk 22,27; Mt 10,45). Aber dieser Schand - Tod (Gal 3,13) setzt ihn nicht ins Unrecht. Es ist Ostern geworden. Die Hoffnung des Nazareners und sein Lebensstil haben durch Gott letzte und verbindliche Gültigkeit bekommen.

Der Evangelist Matthäus erzählt, dass Jesus in diese Zuwendung auch seine Jünger hinein nimmt: Den Vereinzelten und Zerstreuten, den Besessenen und den Leidenden, den Mühseligen und Beladenen gilt es, zuzurufen und durch die barmherzige Zuwendung erfahrbar werden zu lassen, was sie am eigenen Leib erlebt und mit eigenen Ohren gehört haben: "Es ist Zeit zur Ernte!"

Bei dieser Erntearbeit sind sie nicht allein (Mt 18,20), Christus bleibt ihnen - den Boten - zugewandt "alle Tage bis an der Welt Ende" (Mt 20,28) und hat ihnen, die sich in seinem Namen senden lassen, in der Zeit und Ewigkeit seinen Beistand zugesagt (Mt 10,32).

---

[9] Dibelius/Kümmel, Jesus; Sammlung Göschen; S. 80

[10] ebenda.

Die solches erfahren haben und die sich durch die Dynamik des Reiches Gottes (Römer 1,16) mitreißen lassen, bleiben auf diesem Botenweg - der immer dem Weg "der Schafe mitten unter die Wölfe" (Lk 10,3; Mk 8,34-35; 2. Kor 6, 1-10) gleicht - auch einander zugetan (Apostelgeschichte 2,42):

Sie kommen zusammen zur gegenseitigen Erinnerung, sie vergewissern sich durch das Sakrament und sie feiern als die in Gefängnissen und Katakomben verfolgt Lebenden die Gottesherrschaft. Oder sie treffen sich als die neue Gemeinschaft inmitten dieser alten, vergehenden Welt, "hin und her in den Häusern" (Act 2,46).

So leben sie als die *zur Solidarität Befreiten* im pfingstlichen Geist. Nicht mehr der Stil der verkehrten Menschheit, den Petrus in seiner Pfingstpredigt noch angeprangert hatte (Apostelgeschichte 2,40b), einer Menschheit, in der jeder der Wolf eines jeden ist, in der als Hölle jeweils die anderen erfahren werden [11] und in der "der Fromme stirbt, der recht und richtig handelt, der Böse lebt, der wider Gott mißhandelt". [12] Jeder gegen Jeden. Jeder seines eigenen Glückes Schmied und deshalb jeder auf eigene Faust. Diesem Gesetz der verkehrten Welt drehen sie den Rücken zu; sie kehren um.

Durch Gottes Geist werden sie zu einer neuen Gemeinschaft integriert, so dass sie fähig sind, sich als "Patientenkollektiv" [13], als "Alternativ - und Kontrastgesellschaft" [14] zu begreifen. Sie lassen sich von der Gnade Gottes erfassen und umwandeln, so ... "dass ihr ganzes Leben mit Einschluß des Sterbens ... unter der Verheißung des Charismatischen steht ...". [15] Sie nehmen aus der Hand des Herrn, was sie vormals ihrer eigenen Kraft und Leistung zugeschrieben haben [16] und "dienen einander mit der Gabe, die sie empfangen haben..." (2. Petr. 4,10). Kurzum: "Sie haben einander so lieb!"[17] Dieser Satz, eine Fremdbeurteilung, nicht das Ergebnis reflektierter Frömmigkeit oder bewußter missionarischer Strategie, sondern erwachsen aus dem neuen Daseinsverständnis der Jüngerschaft.[18] Diese Liebe sprengt die Grenzen des Gewohnten. Galt es bislang, den Volksgenossen zu lieben,

---

[11] Satre

[12] EG 60,5

[13] Ulrich Bach hat diesen Begriff in die Ekklesiologie wieder eingeführt, er ist der theologia cruxis Martin Luthers entnommen und meint, dass die Gemeinde in einem wechselseitigen Verhältnis von Geben und Nehmen, von Helfern und Hilfebedürftigsein lebt. So kann Bach die "Gemeinde als Gegenseitigkeitsverhältnis" (Boden unter den Füßen, Göttingen 1980 S. 81) beschreiben oder als "Freiraum für uns alle (ebenda S. 203); siehe auch "Dem Traum entsagen ..." S. 128.

[14] S. N. Lohfink, Kirchenträume - Herder TB, 1982, S. 132; er redet hier auch von der "Modellgesellschaft Gottes, der ... vollausgestatteten Gesellschaft"(139), einer "Gesellschaft jenseits der menschlichen Rivalität"(140).

[15] E. Käsemann, Amt und Gemeinde im NT, in Exegetische Versuche und Besinnungen, Band I und II, Göttingen 1964 S 117

[16] E. Käsemann, ebenda, S. 116

[17] Plinus der Jüngere an Kaiser Trajan

[18] Ruhbach, GPM 75/ 76 -S.421: "... nicht missionarische Absicht, sondern das Leben der Christen selbst wirkt auf Außenstehende und vermehrt die Gemeinde, wobei gerade der Satz " der Herr tat hinzu" die Absichtslosigkeit frühchristlichen Lebensstils" deutlich macht ..."

aber den Feind zu hassen, so bewährte sich diese Liebe gerade in ihrer extremsten Form als Feindesliebe (Mt 5,44). Das Reich Gottes versteht sich als ein Lebensreich ohne Grenzen (Gal 3,28; Kol 3,11), es versteht sich universal, also oekumenisch.

Der, der angesichts der Zerstreuung die Erntezeit proklamierte, sieht in dem Bösen, den potentiell Umgekehrten, den Mitgewinner des Reiches Gottes. Und dieses Lebensreich Gottes versteht sich nicht als ein National - oder Rassenstaat. Es wird "alles neu" (Offenbarung 21,5). So weitet sich die neue Solidarität der kleinen Gruppen zum "Weltlichen Gehorsam" (Bonhoeffer), der "Raum der Kirche ist die Welt, weil nur das der Raum des Kosmokrator Christus sein kann".[19] Und die Gnade, die nach einem jeden Einzelnen greift, wird im "dankbaren Dienst an Gottes Geschöpfen" [20] gelebt.

So leben sie als die von Christus Herausgerufenen, mit ihm verbunden, weil auf ihn angewiesen, wohl wissend, dass diese Zeit befristet ist ("... bis dass es kommt", 1. Korinther 11,26b), im Anbruch des neuen Lebens (Reich Gottes), den Stil der zu neuer Solidarität Befreiten. Sie glauben, hoffen und lieben als "Vortrupp des Lebens".

Alles im Leben ist nach Paulus von diesem von Gottes Zukunft geprägten, solidarischen Lebensstil bestimmt. Der "Geist ist offenbart zum Nutzen aller" (1. Kor 12,7); das Sakrament, das in unsozialer Haltung gefeiert wird (1. Kor 11, 18-22), ist "zu eurem Schaden" (V 17) gefeiert. Die Gabe der Zungenrede hat nur dann im Gottesdienst ihren Platz, wenn sie andere - wie die prophetische Rede - "erbaut" und "tröstet" (1. Kor 14,3) - und der Gottesdienst sei, "durch die Barmherzigkeit Gottes ... vernünftiger Gottesdienst", in dem die Gemeindemitglieder "ihre Leiber hingeben zum Opfer ..." (Römer 12,1).

Wo solches geschieht, ist Kirche? - oder: Wo Kirche ist, da geschieht solches?

Vorsicht vor zu schneller Identifikation! Die Kirchenväter wußten davon, dass die sichtbare Kirche niemals mit all denen, die Gott so aus dieser Welt herausruft, identisch ist. Die Kirche ist Gottes Reich nicht, so wie es Augustin behauptete "indem er das Messiasreich mit der Zeit der Kirche gleichsetzte". Das Reich Gottes ist und bleibt vielmehr "die Zukunft der Kirche wie der Welt." [21]

Freilich bedeutet dies nicht, "dass die wahre Kirche unsichtbar wäre und nur in den Herzen der Gläubigen lebte. Es gehört zum Wesen der christlichen Kirche als der Gemeinde des fleischgewordenen Gottes, leibhaftige Gestalt in institutionellen Formen zu gewinnen ..." [22]

Der Plural weist darauf hin, dass die Kirche "bis dass er kommt" um die jeweils angemes-

[19] E. Käsemann, a a O, S. 117.
[20] Barmer theol. Erklärung
[21] W. Pannenberg, Das Glaubensbekenntnis, Siebenstern; - TB 165-1972, S. 159.
[22] W. Pannenberg, ebenda, S. 153

sene institutionelle Form ringen muß. Nach der theologischen Erklärung von Barmen muß diese Form, eine dem Christusereignis angemessene Form, also eine bekennende sein: "Sie hat mit ihrem Glauben wie mit ihrem Gehorsam, mit ihrer Botschaft wie mit ihrer Ordnung mitten in der Welt der Sünde als die Kirche der begnadigten Sünder zu bezeugen ..."
Weil so Amt, Ordnung und Institution den lebendigen und immer wieder neu Leben schaffenden Geist nicht binden oder verschlucken darf, wird die *Groß-Institution Kirche* immer in einem Spannungsverhältnis zu den *radikalen Nachfolgegruppen* stehen. Dieses immerwährende Spannungsverhältnis wird mit den Gegensatzpaaren "Amt und Geist" (Sohm-Harnack), "Ereignis und Institution" oder - so Gollwitzer - "Ereignis und Organisation" beschrieben. Unser Organisieren hat dem "Ereigniswerden von Kirche zu dienen ...", es kann dazu dienen, dass die Botschaft laut wird ..., dass es so zum Ereignis "Kirche" kommt und dass innerhalb dieses Ereignisses das Gemeinschaftsleben eine Ordnung bekommt, die dem neuen Leben entspricht . [23]
Wenn Volkskirche "Kirche für alle" meint und die Beteiligungskirche intendiert, dass alle getauften Christen im "Priestertum aller Gläubigen" ihre unterschiedlichen Begabungen als Charismen einbringen, "damit der Christusleib erbaut werde" (Epheser 4,12), dann entsprechen diese Ziele dem im Christusereignis begründeten neuen Leben.
Das durch das Christusereignis ausgelöste und uns "durch die Gnade, die neu nach uns greift ... und uns ihr dienstbar macht" [24] initiierte "Ereignis Kirche" findet nun nicht nur Gestalt in der "Verfaßten Kirche". Es gestaltet sich vielerorts und in unterschiedlichsten Organismen: Groß-Kirchen, Diakonische Werke, Caritas, Ordensgemeinschaften, Schwestern- und Bruderschaften hier und da ... In ihnen wird die Kirche Ereignis, weil auch hier die Gnade Menschen erreicht und sie dienstbar macht. Auch hier erfahren Menschen durch Menschen, dass Gottes Jammer, Gottes Barmherzigkeit sie erreichen möchte. Auch hier wird in Ansätzen - wie dort - im Anbruch des neuen Lebens ein neuer solidarischer Lebensstil eingeübt. Auch hier werden - wie dort - Menschen aneinander und an Gott schuldig und brauchen das Wort der Vergebung. Auch hier wird Vereinzelung, Resignation und Trennung erlebt und das Wort, dass "Erntezeit ist", kann nur gegen den Augenschein gehört und geglaubt werden.

---

[23] H. Gollwitzer, Befreiung zur Solidarität; München 1978, S. 119; Nach dem Lima-Dokument lebt Kirche "aus der erneuernden und befreienden Kraft des Heiligen Geistes", der viele Menschen zum Glauben ruft. "Sie durch viele Gaben heiligt", ihnen Kraft gibt, das Evangelium zu bezeugen und sie "befähigt... in Hoffnung und Liebe zu dienen." Als Berufung der Kirche wird genannt: "das Reich Gottes zu verkündigen und vorweg darzustellen." So kommt es zum "Dienst an der Welt", zur Identifikation "mit den Freuden im und Leiden aller Menschen ..." Taufe, Eucharistie, Amt; Paderborn 1983, S.2-4.
[24] E. Käsemann, a a O, S. 134.

Ich fasse zusammen:

1. Wenn die Christologie bleibender Maßstab aller Ekklesiologie (Lehre von der Kirche) ist, dann lesen wir an der Sendung des Christus ab, wo und wie Kirche sich ereignet.
2. Jesus von Nazareth lebt, agiert, predigt und leidet im Horizont des hereinbrechenden Gottesreiches.
3. Diesem hereinbrechenden Gottesreich entsprechend verhält sich der Bote: Er wendet sich den Zerstreuten, Vereinsamten und Gehandicapten aus Barmherzigkeit zu.
4. Die so in die neue Lebenswirklichkeit Hineingenommenen wissen, dass sie fortan ohne ihn - den Boten Gottes - nichts zu tun brauchen: Er hat ihnen seine Nähe zugesagt.
5. Diese Zuwendung unter dem geöffneten Himmel des hereinbrechenden Reiches Gottes befreit sie zur Solidarität auch untereinander und zum dankbaren Dienst an allen Geschöpfen.
6. Sie entdecken, dass ihre Gaben vom Herrn geschenkt - also Charismen - sind. Als solche werden sie ihnen "Beruf und Befehl" [25] und sie setzen sie grenzüberwindend ein, zum dankbaren Dienst an Gottes Geschöpfen.
7. Wo solches geschieht, reden wir von Kirche. Sie bemüht sich, eine Gestalt zu bekommen, die diesem Ereignis entspricht.
8. In den sogenannten verfaßten Kirchen wie in der organisierten Diakonie, Caritas, in Kommunitäten etc. und vielen Aktions - und Nachfolgegruppen ist "Kirche im Werden."

Verschiedene Spielarten der Liebe

Es ist nicht zufällig, dass die reichhaltige und vielfältige biblische Botschaft eine ebenso reichhaltige und vielfältige Liebesgeschichte als "Geschichte der Barmherzigkeit" ausgelöst hat.

Die unterschiedlichen Gaben und Sichtweisen, Temperamente und Herausforderungen machten es möglich, dass die verschiedensten biblischen Motive und Ziele des Hilfehandelns verwirklicht wurden. Das alles geschieht, wenn Menschen **"einander dienen mit der Gabe, die sie empfangen haben ..."** (1.Petrus 4)

Zu den sechs Werken der Barmherzigkeit, die Jesus im Endgerichtsgleichnis Matthäus 25 nennt, gesellt sich sehr schnell eine siebte Tat:

In der frühen Kirche bilden sich **Beerdigungsbruderschaften**.[26] Schiffsbrüchige wurden an den Stränden des Mittelmeeres angeschwemmt. Da lagen sie nun, verwesten oder

---

[25] E. Käsemann, a a O, S. 116.

[26] In der Philippuskirche der Rummelsberger Anstalten sind die sechs Werke der Barmherzigkeit mit dem siebten Werk, der Totenbestattung angereichert worden. Je ein "Werk" wurde dann einem der "Diakone" aus Apostelgeschichte 6 zugeordnet.

blieben ein Fraß für die Vögel des Himmels. Menschen, die bekennen, dass mit dem Tod nicht alles aus ist, Menschen die sprechen: *"... wir glauben an die Auferstehung der Toten und an ein ewiges Leben...",* protestieren gegen diesen würde - und gedankenlosen Umgang mit Gottes Geschöpfen, die nicht nur zum Leben, sondern zum ewigen Leben bestimmt sind. So wird dies die erklärte Lebensaufgabe der neuen Bruderschaft: Sie werden Strandläufer, bergen die Toten und bestatten sie christlich. Das entspricht, wie sie glauben, der von Gott gesetzten, unverlierbaren Würde des Menschen.
Andere verlieren die Scheu vor dem ansteckenden Aussatz. Sie gehen in die **Leprastationen** und teilen ihr Leben mit den Aussätzigen.
Wieder andere, - die **Diakone**, bekommen von der Gemeinde den Auftrag, nach dem gemeinsamen Agapemahl und der Eucharistiefeier, zu den Kranken und Armen der Stadt zu gehen, um sie zu speisen und ihnen das Sakrament zu reichen. So **repräsentieren sie Christus unter den Sozialschwachen**. [27] Und die Gemeinde erfährt von ihnen und ihrem Schicksal, indem der Diakon im Fürbittengebet über sie berichtet. Der Bischof und die Gemeinde treten fürbittend für die Beladenen vor Gott ein.
Die Alten sahen in den Wüstengebieten, welche die Städte umgaben, einen Kampfplatz der menschenverachtenden und menschengefährdenden Dämonen. Zu ihnen zogen die **Einsiedler**. Sie waren keine asozialen Geschöpfe, die nur an sich selbst dachten und ihrer Frömmigkeit leben wollten. Ihre Gebete sollten die Dämonen vertreiben und die Städter schützen!

Gemeinde – Diakonie/Caritas:

Wie zusammenwuchs was zusammengehört

Aus der sehr reichhaltigen, differenzierten Christusbewegung, die wir "Kirche im Werden" genannt haben, ist der nun folgende Überblick nur ein winziger Ausschnitt. Dieser - bewußt grobe - Ausschnitt nimmt in den Blick, in welch unterschiedliche Weise die christliche Gemeinde ihren diakonischen Lebensstil wahrnahm.
Im Neuen Testament ist jeder einzelne aufgerufen, sich denen zuzuwenden, die in Not sind (Lk 10,25-37). Solche Zuwendung geschieht unter der Verheißung, dass im Notleidenden Christus selbst anzutreffen ist (Mt 25,31ff). Soziolgische Veränderungen und mit ihnen die Zunahme von Hilfsbedürftigen, führten bereits in neutestamentlicher Zeit dazu, Menschen aus der Gemeinde zu berufen und sie mit dem sozialen Dienst zu beauftragen (Act 6,1-7).

[27] P. Philippi, Das sogenannte Diakonenamt; Gladbeck 1968

In der alten Kirche treffen wir eine ausdifferenzierte gemeindliche Sozialarbeit an, für die der Diakon Verantwortung trug. [28] Er führte die Liste der Hilfebedürftigen, übergab ihnen mit der Austeilung des Sakramentes die gemeindlichen Opfergaben und repräsentierte so unter den sozial schwachen die Gemeinde Jesu Christi[29]. zugleich nahm die Gemeinde durch den Diakon Aufgaben der Gefangenenbetreuung, des Sklavenloskaufs und der Totenbestattung war. Darüber hinaus beteiligte sich der Diakon durch Übernahme der Schriftlesung und des Fürbittengebetes sowie durch Wahrnahme katechetischer Aufgaben am gottesdienstlich - gemeindlichen Leben.

In der **frühkatholischen Kirche** kam es zu einem Wandel des Gottesdienstverständnisses. Die Eucharistie, bis dahin als Liebesmahl gefeiert, wird mehr und mehr ausschließlich zum Kultmahl. Der Klerus bildet sich heraus, er sondert sich vom übrigen Kirchenvolk ab, die "Kirche wird zur Heilanstalt".[30] Das ursprünglich für soziale Aufgaben geschaffene Diakonenamt der Gemeinde wird, je länger je mehr, zu einem nur liturgischen Amt, bis es im 8. Jhrdt. nur noch eine Durchgangsstufe auf dem Weg zur Priesterweihe geworden ist.

Nach Bildung der Reichskirche (380) entfällt vollends ihre soziale Verantwortung. Einerseits übernimmt der Staat Sozialaufgaben, andere Sozialaufgaben wiederum werden durch die parallel zur Reichsgründung entstandenen Mönchsorden übernommen. Da diese nach Benedikt (480-547) ihre Regeln durch die Kirche anerkennen ließen, dienten sie ihr Charisma der Gesamtkirche an. [31]

Im 6. Jahrhundert wurde durch **Papst Gregor** offiziell die Leitung aller Hospitäler den Mönchs - und Nonnenorden übertragen. [32]

Die **Reformation Luthers** "hat die Diakonie zu einer öffentlichen Angelegenheit werden lassen, durch welche die Barmherzigkeit Gottes sich über den innerkirchlichen Erweis des Glaubens hinaus direkt in das Zusammenleben aller Menschen hinein wirkt ... Sie wird in die weltliche Zuständigkeit der Fürsten und Räte", in die des "aufkommenden Bürgertums

---

[28] E. Schering, Der Gemeindediakon; S. 18.

[29] P. Philippi, Das sog. Diakonenamt; S. 18f wörtlich: "Das Diakonenamt verkörpert die von Christus her gedeutete Präsenz der Gemeinde im Bereich irdischer Not, die von der Gemeindeleitung her verantwortlich wahrgenommen wird. So die "Leitlinien zum Diakonat", 1975 verabschiedet: "1.3. Diakonie ist Präsenz der Gemeinde im sozialen Bezugsfeld."

[30] R. Bultmann, Theologie des Neuen Testamentes; § 53 Die Wandlungen des Selbstverständnisses der Kirche ; S. 466.

[31] So in der auch für Protestanten brilliant geschriebenen und gut nachvollziehbaren "Geschichte des christlichen Ordenslebens" von Leonard Holtz (OFM), Benzinger Zürich 1986; hier S.120: "Wirkliches prophetisches Charisma weiß sich den anderen Geistesgaben und dem Dienstamt in der Kirche verantwortlich und bleibt in die Einheit des Leibes Christi, der die Kirche ist, eingeordnet ..." - Wohlwissend, dass Holtz hier von der "Einverleibung" und nicht vom Gedanken einer "Transformation" ausgeht!

[32] E. Schering, a a O . S. 21.

gegeben". [33] Die Kastenordnung [34] verbindet die Christengemeinde und die Bürgergemeinde zur gemeinsamen diakonischen Verantwortung. [35]
Zum Ganzen aber gilt: "Der Diakonat war in der römischen Kirche untergegangen; die evangelische Kirche hat ihn nicht erneuert". [36]
Im **Zeitalter des Pietismus** hingegen kommt es zu einer Erneuerung des Diakonates. Hier waren es erweckte Einzelpersönlichkeiten oder Konventikel, die sich zum diakonischen Einsatz berufen wußten. Der "wiedergeborene Glaube zielte in die Richtung einer deutlich fixierten und methodisierten praxis pietatis ..." Ernst Troeltsch stellt fest: Der Pietismus trieb innere Mission und heilte soziale Schäden durch eine neue, auf die freie Initiative des Vereins gestellte Art der Karität, aber er tastete nirgends die Grundlagen des Gegebenen an". [37]
Kirchenordnungen und Ämter, so auch das Diakonenamt, sind in *reformierter Tradition* wesentlich durch **Martin Butzer** (1491 - 1551) geprägt, greift Johannes Calvin (1509-1564) doch auf seine Arbeiten zurück, wobei die Praxis der Genfer Kirchenordnung den Vorstellungen Calvins nur zum Teil entsprach. Diese Ordnung vom November 1561 verfügt: "Das vierte Amt in der Kirchenleitung, die Diakone: Es hat immer zwei Arten der Alten Kirche gegeben. Die einen waren damit beauftragt, die Mittel für die Armen entgegenzunehmen, zu verteilen und zu verwalten... Die anderen hatten die Kranken zu pflegen und zu betreuen und die Speisung der Armen durchzuführen ..." [38] Die umfangreiche Diakonie geschah im öffentlichen Spital, im Pestspital und in der Elendenherberge. In diesen "kommunalen Einrichtungen" standen die Hospitaliers den Häusern vor, sie wurden durch die Gemeinde angestellt und besoldet, während "alle übrigen...Angestellte der Stadt" [39] waren. Die - meist vier - Procureurs waren neben- oder halbamtlich angestellt und waren gemeinsam für das Finanzgebaren verantwortlich. "Die erheblichen Kosten dieser reich entfalteten Diakonie werden durch tägliche Almosen, freiwillige Zuwendungen, den Ertrag von Stiftungen und das Kirchengut bestritten". [40]

- Für **Calvin** sind Predigt des Evangeliums und rechte Verwaltung der Sakramente (par. Luther) Kennzeichen wahrer Kirche. "Der Sache nach" gehört "die Diakonie zu den u-

[33] J. Degen, Diakonie im Widerspruch, S. 80-81
[34] siehe: Martin Luther, S. 25
[35] Hierzu auch Schering: " Die Verknüpfung von bürgerlicher und kirchlicher Diakonie zeigte sich darin, dass das Geld, das für den gemeinen Kasten bestimmt war, im Gottesdienst gesammelt, aber bei einer Sitzung im Rathaus verteilt wurde..."(Schering, a a O, S. 22).
[36] Schering, ebenda.
[37] J. Degen, Diakonie im Widerspruch, S. 82.
[38] W. Bernoulli, von der reformierten Diakonie ..., in: Das Diakonische Amt der Kirche; S,.232
[39] W. Bernoulli, S.234.
[40] W. Bernoulli, ebenda,S.234.

nerläßlichen Lebensäußerungen der Kirche" dazu.[41] Alle Christen sind mit großer Dringlichkeit zu diakonischer Tätigkeit aufgerufen. Die durch die Gemeinde wahrgenommene amtliche Diakonie und die Tat freiwilliger Helfer bedingen und ergänzen einander.Ordnung und Ämter der Kirche werden auf den Herrn selbst zurückgeführt.
Calvin nennt in der Regel vier Ämter der Kirche: Hirten, Lehrer, Älteste und Diakone. Letztere in den beiden Arten des (meist nebenamtlichen) Procureurs und des hauptamtlichen Hospitaliers.

- Für die Diakone nennt **Butzer** fünf Regeln:
    1. Nur wirklich Bedürftige unterstützen.
    2. Die Gemeinde nur wenn leistungsfähige Angehörige fehlen, zu belasten.
    3. Die Unterstützten genau zu beaufsichtigen.
    4. Die persönlichen Umstände zu berücksichtigen und die
    5. Hilfeempfänger zur Arbeit und Selbsthilfe anzuhalten. [42]

"... um diesen Diakonen bei der Herde Christi ein höheres Ansehen und eine klarere Autorität zu verleihen, hat ihnen die Alte Kirche die nächste Stufe der Würde nach den Ältesten verliehen und sie zu einem Teil des heiligen Dienstes, zur Verwaltung der Lehre wie der Sakramente, beigezogen." [43]

Auch in der Reformation **Luthers** war zweifelsfrei, dass "der Glaube in der Liebe tätig" ist (Gal 5,6). Für Luther gibt es keinen größeren Gottesdienst denn christliche Liebe, die den Dürftigen hilft und dient". [44] Nicht nur der einzelne Christ, Gemeinde, Städte und Fürsten - also die "Obrigkeit" - wurden nachdringlich zur sozial-diakonischen Hilfeleistung aufgerufen. Diakonie war somit keine eindeutige Einrichtung der christlichen Gemeinde.
Durch die Errichtungen des gemeinsamen Kastens wurde bürgerliche und kirchliche Diakonie miteinander verknüpft. [45] Bereits in der Wittenberger Kirchenordnung von 1522 - fünf Jahre nach dem Thesenanschlag - wird verfügt, einen "gemeinen Kasten" zu errichten, in dem "aller Zins der Gotteshäuser, alle Brüderschaften und aller Zins der Werke" zusammengelegt wird. Fünf Persönlichkeiten (zwei Ratsherren, zwei von der Kirchengemeinde und ein Schreiber) sollen "damit arme Leute - kranke Bettler,... arme Handwerker..., arme Waisen... und das Studium armer Leute Kinder... aus diesem Vermögen" versehen". [46]

---

[41] W. Bernoulli, ebenda S. 238.
[42] W. Bernoulli, ebenda S. 213
[43] W. Bernoulli, ebenda S. 214.
[44] Luther, WA 12/13 zitiert nach Schering, Gemeindediakon; S:22
[45] Vgl. Anm. 44.
[46] Krimm, Quellen zur Geschichte der Diakonie, Bd. II Text 27 - S. 46-47.

Ebenso wie die Leisninger Ordnung von 1523 die "zehn Vormünder oder Vorsteher" - gewählt aus dem rat, der Stadt- und Landbevölkerung - für die Verteilung "um Gottes und des Nutzens willen" - alle Sonntage zwischen 11.00 und 14.00 Uhr im Rathaus oder im Gemeindepfarrhof - verantwortlich macht. Bezeichnenderweise nennt Luther diese Kastenherren oder Bauherren nicht Diakone. [47]
Das ist anders in der 1526 veröffentlichten Homberger Kirchenordnung. Hier wird angeordnet, dass "... von den einzelnen Gemeinden mindestens drei ... zum Amt der täglichen Armenpflege..." gewählt werden. Einer der Diakone soll nach der Predigt von den anwesenden Gemeindegliedern Gaben für die Bedürftigen einsammeln. "Dieses Geld wird in den "gemeinen Kasten" gelegt. Ohne "Zustimmung der Gemeinde soll von den Diakonen kein größerer Betrag ausgegeben werden ..." [48]

In der 1526 durch **Johannes Bugenhagen** vorgelegten "Pommerischen Gemeindeordnung" ist vorgeschrieben, dass in den Armenkasten "praktisch alle Kollekten von Gottesdiensten und Amtshandlungen" gelegt werden. Dieser Kasten ist eine große, eisenbeschlagene Kiste mit zahlreichen Schlössern, die im Kirchenraum stand. Auch testamentarische Nachlässe kommen diesem Armenkasten zugute. Die Schlüssel zu den einzelnen Schlössern waren im Besitz des Bischofs und der Diakone. Nur gemeinsam konnten sie diesen Kasten öffnen. Zunächst sah die Bugenhagener Ordnung vor, dass die Diakone ihren Dienst ehrenamtlich versahen. Er fügte aber hinzu: "Drei Jahre nach Einführung dieser Ordnung sollen zwei der besten und am meisten geeigneten Diakone unter den zuvor erprobten gewählt werden ... welche ständig in diesem Amt bleiben sollen. Und beide sollen eine jährliche Besoldung ... erhalten". [49]

Die **zweite Hälfte des 19. Jahrhunderts** ist eng mit dem Stichworten "soziale Frage", "Gründerjahre" und "Erneuerung des Diakonats" verbunden und zu diesen Stichworte gehört der Name Johann Hinrich Wichern. Wobei die anderen Persönlichkeiten wenigstens erwähnt werden sollen: Viktor A. Huber, Rudolf Todt, Adolf Stöcker, Friedrich Naumann, "Vater" Bodelschwingh, Theodor Fliedner - und auf katholischer Seite Bischof Ketteler und Adolf Kolping. [50]

Johann Hinrich Wicherns (1808-1881) überragende Bedeutung besteht darin, dass er die Kirche als Kirche auffordert zu bezeugen: "Die Liebe gehört mir wie der Glaube". [51] Ihm ging es darum, die weitverzweigten diakonischen Aktivitäten in dem "Centralausschuß

[47] Krimm, ebenda - S. 47-49.
[48] Krimm, ebenda - Text 29 Cap. XXV, S. 50-51.
[49] Dargestellt nach: Peter Sutter, die Gottes-Kiste; diakon 1-1986, S. 18-19.
[50] Siehe: Brakelmann, Die soziale Frage des 19. Jahrhunderts, Witten/2 1964; S. 111f.
[51] S. Anm. 9.

für Innere Mission" als einem Werk der Kirche zu sammeln und neue zu initiieren: "Die innere Mission ist nicht eine Lebensäußerung außer oder neben der Kirche, will auch weder jetzt noch einst die Kirche selbst sein, wie man von ihr gefürchtet hat, sondern sie will eine Seite des Lebens der Kirche selbst offenbaren, und zwar das Leben des Geistes der gläubigen Liebe, welche die verlorenen, verlassenen, verwahrlosten Menschen sucht, bis sie sie findet." [52]

Die Innere Mission ist für ihn, nach einer Definition aus dem Jahre 1844, "das Bekenntnis des Glaubens durch die Tat rettender Liebe". [53]

So vielfältig die Taten der Liebe, so vielfältig die Innenseite,

die Motive der Tat:

Martin von Tours (um 350) half Armen und Leidtragenden, weil in einem jeden von ihnen, ihm Christus selbst begegnete.

Von **Elisabeth von Thüringen** ist das Wort überliefert, das sie anläßlich einer Armenspeisung in Marburg gesagt hat: *"Seht, ich habe es doch gesagt, wir sollen die Menschen froh machen!"*

Martin Luthers Ethik in Kurzform lautet: *"Wir leben Gott zur Ehre und dem Nächsten zum Nutz."*

Philipp Spener, der Begründer des Pietismus (1675), wies darauf hin, dass *"Glaube und Tat unlöslich zusammengehören. Der Glaubende richtet seinen Blick auf die kommenden großen Zeiten deshalb ist die Armut ist ein Schandfleck des Christentums."*

Jakob Friedrich Oberlin (1740 - 1826), der als Pfarrer die Kindergartenarbeit entwickelte und im elsässischen Steintal, Straßen und Brücken bauen und Wasserleistungen legen ließ, glaubte an die Entwicklung der Welt durch sittliche Vervollkommnung. Er sah es als Aufgabe der Christen an, die *"Schöpfung zu vollenden, die Gott in seiner Weisheit unvollkommen gelassen hat ..."; ... "wer Gott gefallen will, darf Gebet und Arbeit nicht trennen ..."; ... "wer um Brot bittet, muß Brot schaffen helfen ..."*

Für **Johannes Falk**, einem Eisenacher Freund Goethes, Pfarrer, Spötter und dann Erzieher der Jugend und Begründer einer umfassenden Jugendhilfearbeit (1768-1826), ist *"soziale Tat Christenpflicht ... Ein religiös empfindender, körperlich kräftiger und gesunder, für alle Gute, Große und Edle empfänglicher und begeisterter, zur christlichen Liebestätigkeit stets bereiter Mensch soll das Ergebnis der Bildung sein ..."*

---

[52] Wichern zitiert nach Brakelmann, aaO S. 123
[53] ebenda, S. 120.

Nikolaus, Ludwig Graf von Zinzendorf (1700-1760) und mit ihm die spätere Erweckungsbewegung, blickten zugleich auf das Kreuz des Gottessohnes und auf notleidenden Menschen und begründeten dann ihr soziales Tun: *"Das tust du für mich; was tut ich für dich?" - "Gerettetsein schafft Rettersinn!"*

Aus dem gleichen Geist heraus denkt und handelt einer der großen Diakonissenväter, **Wilhelm Löhe** (1808-1872). Für ihn ist *"Jesus das Vorbild für unser Tun. Wir leben Jesu Wirken nach"; aber wir arbeiten und dienen weder um Lohn sondern aus Dank und Liebe, "mein Lohn ist, dass ich darf."*

Ausgangspunkt aller Bemühungen **Vater Bodelschwinghs** (1831-1910) in Bethel, ist die ihm widerfahrene Barmherzigkeit. *"Nachdem uns Barmherzigkeit widerfahren ist (2. Korinther 4,1), werden wir nicht müde, barmherzig zu sein ..."*

Das soll genügen.

Ein kleiner Ausschnitt nur, ein Ausschnitt aber der zeigt, wie durch die unterschiedlichsten Gaben und Sichtweisen, Temperamente und Herausforderungen die verschiedensten biblische Motive und Ziele des Hilfehandelns verwirklicht wurden. Das alles geschieht eben, wenn Menschen "einander dienen mit der Gabe, die sie empfangen haben ..." (1.Petrus 4).

Nun wollen wir uns drei Persönlichkeiten aus der bunten und facettenreichen Geschichte der Barmherzigkeit ein wenig näher ansehen:

Franz von Assisi (*1181 +1226)

Franz von Assisi: [54]

Individueller Verzicht als eine Antwort auf den beginnenden Kapitalismus

Sein Wille schritt sofort zur Tat. Ich fürchte die Konsequenz. Ich fürchte sie - wie viele vor uns - und mitten unter uns. Denn "der kleine Bruder Franz" wie er sich selbst in seinem Testament genannt hat, erlebte in jeder menschlichen Begegnung die Begegnung mit Jesus Christus. Jedes Wort, das er hörte, war für ihn das Wort, das Jesus selber sprach. Deshalb rührte es sein Herz. Deshalb wurde der Wille zur Tat. Als er das Wort vernahm: "Baue meine Kirche auf!", da lief er stracks in das Haus seines Vaters, das ein Haus eines reichen, wohlhabenden Kaufmanns war, sattelte ein Pferd, belud es mit kostbaren Stoffen, ritt zum nächsten Markt, verkaufte alles, das Pferd obendrein und gab es dem Priester der zerfallenen Kirche.

Dass er Pferd und Stoffe dem Vater nahm, das kümmerte ihn nicht. Indem er es verkaufte und der Kirche gab, hatte er es dem Vater gegeben, dem alles gehört. So war sein Verhalten ein befremdliches, ärgerliches Verhalten. Eingesperrt wurde er für solchen Gehorsam - bis zum Erbarmen der Mutter und schließlich, als er sich vom Vater lossagte, alles wirklich alles was er hatte, Hemd und Hose eingeschlossen dem zürnenden Vater vor die Füße warf, blieb ihm nur noch der Schutz dessen, der selbst schutzlos mitten unter uns gelebt hatte.

Nein, den Schutz der Kirche begehrte er nicht. Sie wollte ihn schützen. Doch er, der Jesu Worte immer ganz wörtlich nahm, ihn in allen Dingen sah, ihn immer wieder hörte, er ging ... Nein, *seinen* Weg ging er nicht. Er ging den Weg des Gehorsams, den Weg, den er gehen mußte. Besser: Den er meinte um Jesu Willen gehen zu müssen.

Den kopfschüttelnden Priester sehe ich vor mir. Wir schreiben den 24. Februar 1208. Die Restaurierung der kleinen Kapelle Santa Maria de Angli ist vollendet. Mit einer Messe wird sie eingeweiht. Franz hört das Evangelium: "Gehet hin und predigt! - Kein Gold, kein Silber, kein Geld! Keinen Proviantbeutel! Nur eine Kutte! Keine Schuhe, keinen Stab ..." Franz hört. Für ihn ist klar: Diese Worte hat Jesus ihm gesagt.

"Er zittert vor Aufregung und Freude über die Klarheit und Einfachheit der Weisungen Christi. Kaum hat der Priester ausgeredet, zieht er sein Schuhwerk von den Füßen, löst

---

[54] dargestellt nach: Ivan Gobry, Franz von Assisi, rm 16; 1971; Carol Coretto, Was Franziskus uns heute sagt; Herder-TB; Freiburg 1981; Adolf Holl, Der letzte Christ; Ullstein-TB 34069,1982; Peter Berling, Franziskus oder das zweite Memorandum; Bastei-Lübbe-TB 11956; Bergisch Gladbach 1981; Luise Rinser, Bruder Feuer; Fischer TB 2124; Frankfurt/M 1981;

seinen ledernen Gürtel und wirft diese nun überflüssig gewordenen Utensilien zusammen mit dem Einsiedlerstab in eine Ecke. "Das ist es was ich will. Das ist es, was ich suche. Das verlange ich aus dem Grunde meines Herzens zu tun!" So wird der Wille Christi sein Wille.

Kopfschüttelnd macht sich der Priester auf den Heimweg.

Der 'kleine Bruder Franz' und 'das einfache Evangelium'. Diese Konsequenz lies den Priester kopfschüttelnd zurück. Vor dieser Konsequenz habe ich Angst. Nur ich allein?

Eine Biografie über Franz beginnt mit den Sätzen: "... Nach seinem Tode wurde umgebogen, kanalisiert, was er in Bewegung gesetzt hatte. Die Institutionen bemächtigten sich seiner, und zuletzt verharmloste man ihn zu einem Naturschwärmer und Tierfreund.

Aber er bleibt ein Stachel in unserem Fleisch. Noch immer erreicht uns das Signal der Flamme, mit der er gezeichnet wurde, einer wärmenden Flamme über dem Abgrund. Auf die Angst, mit der wir leben, hat Franz von Assisi eine Antwort; die Hoffnung, ohne die wir nicht leben können, gewinnt bei ihm Gestalt." [55]

Hoffnung ohne die wir nicht leben können. Dort wurde sie konkret, wo einer anfing Jesu beim Wort zu nehmen.

Kurz bevor Franz sein Leben in Gottes Hände zurückgab, schrieb er sein Testament. Ein kurzes nur, nach einem kurzen, inhaltsreichem Leben. Im fünften Satz begegnet uns eine erstaunliche, aber für Franz bezeichnende Wendung:

"Ich arbeite mit meinen Händen und will arbeiten. Und ich will nachdrücklich, dass alle anderen Brüder einer Arbeit nachgehen, die ehrbar ist. Die das nicht können, sollen es lernen, nicht aus Sucht, für die Arbeit einen Lohn zu erhalten, sondern um des Beispiels willen und um den Müßiggang zu vertreiben. Und wenn uns einmal der Arbeitslohn nicht gegeben werden sollt, so wollen wir zum Tisch des Herrn Zuflucht nehmen und von Tür zu Tür um Almosen bitten." [56]

Erstaunlich, nicht wahr: "... so wollen wir zum Tisch des Herrn Zuflucht nehmen und von Tür zu Tür um Almosen bitten." Gott deckt uns den Tisch. Gott gibt reichlich und überall. Alle gedeckten Tische, sind Tische des Herrn. Alles ist euer, denn alles gehört dem Herrn. Wer um ein Almosen bittet, bittet um das, was Gott ihm bereitgestellt hat. Und umgekehrt: Wer einen reich gedeckten Tisch hat, hat ihn nicht für sich. Es ist der "Tisch des Herrn" von dem auch Hungernde speisen sollen.

[55] A. Holl, Der letzte Christ, Franz von Assisi, Ullstein-Sachbuch 34069, 1982

[56] Gobry, a.a.O. S. 128

Wie schwer fiel es doch unserem Franz, in den frühen Jahren seines Lebens, mit Hungernden, Alten und Kranken zu speisen! Da war die Jugend, der Kampf, das Ritterspiel, die Kraft sein Ideal. Krankheit, Alter, Hinfälligkeit - da schaute er weg. Ekel überkam ihn:

"So wurde es erzählt:

Franz begegnet während eines Spazierritts in der Umgebung von Assisi einem Aussätzigen. Von fürchterlichem Ekel erfüllt, tat sich Franz Gewalt an, stieg vom Pferd, gab dem Mann ein Geldstück und küßte ihm die Hand. Auch jener gab ihm den Friedenskuß. Kurz danach nahm Franz eine größere Summe Geldes und begab sich in das Heim der Leprosen. Alle die Siechen liefen zusammen. Franz reichte jedem ein Geldstück und küßte ihm die Hand. Als er vondannenging, war wirklich in Süße verwandelt, was vorher bitter gewesen war." [57]

Das Bittere wurde süß. Auch hier hatte sich ihm, ein Wort Jesu erfüllt. So hörte er in einem Fiebertraum: "Alle Dinge, die du mit deinen Sinnen begehrt und geliebt hast, mußt du jetzt hassen und mißachten, wenn du meinen Willen erkennen willst !"

Deshalb zwang er sich, den Aussätzigen zu küssen. Indem er es tut, erfährt der Gottsucher, dass Christus in den Notleiden, Kranken und Alten uns nahe ist. Da wurde das Bittere süß. Er machte die Erfahrung: Christus ist in den Kranken, den Notleidenden, den Schwachen bei uns.

Bei Franz haben wir beides:

Er sieht hin. Ihn jammert. Er hilft unmittelbar. Zugleich aber sammelt er um sich eine Schar von Brüdern, die es ihm gleich tut. Er sieht, wie sehr seine Kirche zerfallen ist. Er nimmt wahr, wie groß das Elend, der Hunger, die Armut ist.

Und politisch ist sein Leben auch; gesellschaftspolitisch allemal. Oder soll das kein eindeutiges politisches Handeln sein, wenn er das Kleid des reichen Kaufmannssohnes öffentlich auszieht und dem erschrockenen Vater vor die Füße wirft? Mit dem Kleid, wirft er den beginnenden Kapitalismus, der eben nicht nur den unermeßlichen Reichtum für einige Wenige sondern auch das wahrgenommen Elend hervorbringt, weg.

Die Antwort des Franz wird für viele Jahrhunderte die klassische Antwort auf die Schattenseiten des Kapitalismus sein:

Während die Habenden ihren Reichtum mehren, allenfalls mit Almosen ihr Gewissen beruhigen, werden es Einzelne wie Franz oder Gruppen wie seine Brüder zu denen sich bald auch die Schwestern gesellen, sein, die sich durch Verzicht um die Armen und Elenden kümmern.

---

[57] A. Holl, a.a.O. S. 67

In ihrem Büchlein "Bruder Feuer", einer aktualisierenden Nacherzählung beschreibt Luise Rinser folgende Szene:
"Einmal kam ein junger Mensch zu Franz und sagte, er sei zu allem bereit. 'Wozu?' hat Franz gefragt. Der junge Mensch sagte: 'Zu allen Opfern, zu allem Fasten, allen Arten von Bußübungen; er wolle um jeden Preis Gott finden.' Franz gab ihm einen Eimer und einen Schrubber und sagte: 'Putz den Boden!' Der andere tat es. - Als er fertig war, sagte Franz: 'Jetzt putz den Boden.' Schließlich sagte der junge Mann: Ich bin gekommen, um Gott zu finden, nicht um zu putzen. Da sagte Franz: "Hast du denn nicht Gott gefunden? Ich finde ihn immer beim Putzen. Putz doch noch mal!" Aber der junge Mann mochte nicht mehr und ging.
Franz sagte zu den anderen: "Der sucht Gott hier und dort und an allen Orten, und findet ihn nicht und er hätte ihn hier beim Putzen finden können."
Ich muß lachen. Der Anwalt sagte: 'Warum lachen sie. Das ist doch wahr !"
"Ja, ja," sagte ich und denke: Den Guten hat es auch ganz schön erwischt, den hat der Franz auch verhext. Ich sage: "Die Sache mit der Selbstfindung, die ist doch richtig - oder nicht?" So viele junge Menschen leiden darunter, dass sie nicht wissen, wie sie sind und was sie tun sollen. Sind nicht alle auf der Suche danach?"
"Ach, was" sagte der Anwalt, "mit lauter Selbstsuche kommen sie zu mir." Franz sagt: "Man findet sich, indem man sich verliert." [58]
Ein Rätselwort, scheint mir. Nein: Es ist nur ein anderes Wort für Liebe.

[58] Luise Rinser, Bruder Feuer, S. 96f

Martin Luther (*10.11.1483 + 18.2.1546)

Ich sehe Martin Luther vor mir, begleitet von seinem Freund und Beschützter Franz von Sickingen, auf dem Weg zum Wormser Reichstag. Da - vor Kaiser und Reich - will sich Luther mit eindeutigen Worten zu dem bekennen, der "allein aus Gnaden" ohne unser Verdienst und Würdigkeit uns vor Gott gerecht gesprochen hat. Luther weiß, dass solch Bekenntnis Kopf und Kragen kosten kann.

Angst überfällt ihn. Soll ich reden? Soll ich schweigen?

Es wird uns erzählt, dass Luther auf dem Weg zum Reichstag den 46. Psalm immer und immer wieder gebetet hat. Ihn nennen wir mit gutem Grund den "Reformationspsalm":

"Fürchtet euch nicht, wenn die Erde erbebt und die Berge ins Meer versinken ... Der Herr ist mit uns in seiner Macht; eine Burg ist uns er Gott unserer Väter ... "

So vermischen sich in Luthers Leben in jenen entscheidenden Stunden, Angst, Zweifel, Todesfurcht und das mutig trotzige Bekenntnis des Glaubens zu dem Gott, der uns eine "feste Burg, eine gute Wehr und Waffen" ist.

Es ist nicht historisch nachweisbar, aber gut nachempfunden, wenn erzählt wird, dass Luther in jenen bangen und entscheidenden Stunden den Vers gedichtet hat:

"Und wenn die Welt vor Teufel wär und wollt uns gar verschlingen, so fürchten wir uns nicht so sehr, es soll uns doch gelingen. Der Fürst dieser Welt, wie saur er sich stellt, tut er uns doch nicht; das macht, er ist gericht'. Ein Wörtlein kann ihn fällen."

So kommt es, der Überlebensfurcht und dem Bangen zum Trotz, zu jener vielleicht berühmtesten Rede der Weltgeschichte.

O nein, Zeitgenossen berichten, sie wurde nicht lautstark und furchtlos vorgetragen:

Blaß, schmächtig, fahrig, zitternd stand Luther "vor Kaiser und Reich" und seine letzten, schnell dahin gesagten Worte, gingen im Jubel und Dazwischenrufen der befreundeten Fürsten und Beschützer unter:

"... ich bin durch die von mir angeführten heiligen Schriften überwunden in meinem Gewissen und gefangen in Gottes Wort; widerrufen kann ich nichts und will ich nichts, weil wider das Gewissen zu handeln weder sicher noch heilsam ist ... Gott helf mir! Amen."

In der nachfolgenden Legendenbildung, in der Film- und Theatergeschichte sah diese Szene anders aus: Da steht der Bekenner Luther wie sein eigenes bronzenes Denkmal breitbeinig und fest mit der Bibel als Waffe in der Hand und schleudert mit lauter, gewaltiger Stimme Kaiser und Reich das trutzige: "Hier stehe ich, ich kann nicht anders. Gott helfe mit, Amen!" entgegen.

Die Kastenordnungen,

die Bürger - und Christengemeinde gemeinsam verpflichteten

Für Martin Luther schien es eine lästige Pflicht, die Kirche neu zu ordnen.

Als gegen seinen Willen und gegen den des Schutzherren Melanchton und Karlstadt und Mitglieder des Wittenberger Stadtrates im Januar 1524, eine neue Ordnung für die Wittenberger Gottesdienste bekanntgaben, löste Luther das ihn schützende Ingognito des Junker Jörg, kam zurück nach Wittenberg und predigte.

In diesen Predigten warnte er, die Freiheit eines Christenmenmschen gegen neue Zwänge einzutauschen. "... Man soll das Wort frei lassen und nicht unser Werk dazu tun ..." [59]

Was er wollte und was er nicht wollte, sagte er unmißverständlich: "... Ich habe allen das Wort Gottes geschrieben, sonst habe ich nichts getan. Das hat, wenn ich geschlafen habe, wenn ich Wittenbergisch Bier mit meinem Philipp und Amsdorf getrunken habe, soviel getan, ... ich hab nichts getan, das Wort hat alles gewirkt und ausgerichtet ..." [60]

Das ist lutherische Theologie, die dem selbstwirkendenden Gotteswort alles zutraut. Gegen menschliche Satzungen, kirchliche Ordnungen und kirchenstrukutierende Pläne meldete er Vorbehalte an.

Luther allerdings wäre völlig mißverstanden, dass dem Wort keine Taten zu folgen hätten, weil man sich mit guten Werken vor Gott doch nicht reinwaschen könne. Luther wußte, dass man ihn so mißverstehen kann und wehrte sich bereits in seinen Wittenberger Fastenpredigten gegen dieses Mißverständnis:

"Das ist ja wahr: Ihr habt das Evangelium und das lautere Wort Gottes, aber es hat noch niemand seine Güter den Armen gegeben ... keiner will dem anderen die Hände reichen, keiner nimmt sich des anderen ernstlich an ... werdet ihr nicht einander lieb haben, so wird Gott eine große Plage über euch ergehen lassen ..." [61]

In seinem Sermon von den guten Werken wird er es später so ausdrücken: Gute Werke machen keinen frommen Mann; aber ein frommer Mann tut gute Werke. Und solche guten Werke, die er auch Glaubenswerke nennen konnte, ist der Glaube, der in der Liebe tätig ist.

Von dieser Position rückte er zeitlebens nicht ab, wer ihm hier nicht folgen wollte, wie 1538 sein einstmals treuer Schüler und Weggefährte Agricola, dem entzog Luther kurzerhand als Dekan der Wittenberger Universität die Lehrerlaubnis.

Als der Dominikanermönch Tetzel von den lutherischen Thesen hörte, die er durch seine Ablaßpredigten veranlaßt hatte, griff er zur Feder und formulierte seinerseits ein scharfes

[59] B. Beuys, Und wenn die Welt voll Teufel wär....; Hamburg 1984, S. 159
[60] ebenda
[61] ebenda, S.161

Pamphlet gegen Luther. Tetzel verstieg sich zur Behauptung: "... es ist besser einen Ablaßbrief zu kaufen als einem Bedürftigen zu helfen ..." Bereits zwei Tage später war die öffentliche Antwort des Reformators zu lesen: "... Wenn solche Leute, die die Bibel nicht kennen ... mich überaus lästerlich schelten, so ist mir zumute, als ob mich ein grober Esel anschreie ..." [62] Für Luther war das kein Thema: Wer die Bibel kennt, der weiß auch, dass die Frucht des Glaubens die Liebe ist, die dem Bedürftigen hilft.
Bis zum heutigen Tag geistert in unseren Köpfen die Lutherkarikatur, die - Gott sei's geklagt, - brutale Wirklichkeit während des 1. Weltkriegs war. Nicht nur da hatten Kriegspredigten kaum anders zu vermitteln als: "Sei der Obrigkeit gehorsam. Halte die Schnauze. Halte aus was dir an Leiden zugemutet wird." Zwischenzeitlich haben wir gelernt, dass die Verkündigung der Gnade nicht untätig sein läßt. Ein lutherisch geprägter Theologe, Helmut Gollwitzer, beginnt seine Abschiedsvorlesung über die Gnade mit dem Satz: "Die Gnade macht aktiv sonst ist sie keine Gnade" [63] Das ist der zur Seite geschobene, der verheimlichte, der vor lauter Luthertum vergessene Luther; eben der, der vielen unbequem wurde. In seiner schon erwähnten Schrift "von den guten Werken" (1520) beschreibt er eindeutig und unmißverständlich die aktive Platzanweisung des Christen: ".... Denn Christus wird am Jüngsten Tag nicht fragen, wieviel du für dich gebetet, gefastet, gewallfahret, dies oder jenes getan hast, sondern wieviel du den anderen, den Allergeringsten wohlgetan hast ..." [64]
Für Luther also war zweifelsfrei, dass es "keinen größeren Gottesdienst gibt, denn christliche Liebe, die den Dürftigen hilft und dient". [65]
Das Besonderne, allerdings typisch dem mittelalterlichen Denken verhaftete ist, dass nicht nur der einzelne Christ, sondern Gemeinde, Städte und Fürsten - also die "Obrigkeit" - gemeinsam und nachdringlich zur sozial - diakonischen Hilfeleistung aufgerufen werden. Diakonie war somit für Luther keine eindeutige Einrichtung der christlichen Gemeinde.

Durch die **Errichtungen des gemeinsamen Kastens wurde bürgerliche und kirchliche Diakonie miteinander verknüpft**.
Bereits in der *Wittenberger Kirchenordnung von 1522* - fünf Jahre nach dem Thesenanschlag - wird verfügt, einen "gemeinen Kasten" zu errichten, in dem "aller Zins der Gotteshäuser, alle Brüderschaften und aller Zins der Werke" zusammengelegt wird. Fünf Persönlichkeiten (zwei Ratsherren, zwei von der Kirchengemeinde und ein Schreiber) sollen "da-

---

[62] ebenda, S.104
[63] H. Gollwitzer, Befreiung zu Solidarität; Kaiser - München 1978 ; S. 155; hier: " Recht verstanden aber ist Gnade aber Einsetzung in die Freiheit zur Aktivität ... Dank für Gnade ist Mitarbeit am Ziel des göttlichen Rettungsunternehmens."
[64] Luther zitiert nach B. Beuys, a.a.O. S. 575
[65] Luther, WA 12/13 zitiert nach Schering, Gemeindediakon; S:22

mit arme Leute - kranke Bettler, ... arme Handwerker ..., arme Waisen ... und das Studium armer Leute Kinder ... aus diesem Vermögen" versehen". [66]

So hat die *Reformation Luthers* "... die Diakonie zu einer öffentlichen Angelegenheit werden lassen, durch welche die Barmherzigkeit Gottes sich über den innerkirchlichen Erweis des Glaubens hinaus direkt in das Zusammenleben aller Menschen hineinwirkt ... Sie wird in die weltliche Zuständigkeit der Fürsten und Räte", in die des "aufkommenden Bürgertums gegeben." [67]

Die Kastenordnung verbindet die Christengemeinde und die Bürgergemeinde zur gemeinsamen diakonischen Verantwortung. [68]

Martin Luther schrieb 1519 seinen **"Sermon von der Bereitung zum Sterben"** [69], der 20 Empfehlungen zum Umgang mit Sterbenden erhält. In seinem ersten Ratschlag heißt es:

"Zum ersten. Daweil der Tod ein Abschied ist von dieser Welt und allen ihren Händeln, ist not, dass der Mensch sein zeitlich Gut ordentlich verschaffe wie es damit werden soll oder er es gedient zu ordnen, dass nicht bleibe nach seinem Tod Ursache zu Zank, Hader oder sonst einem Irrtum unter seinen nachgelassenen Freunden ..." [70]

Die *Krankenseelsorge in der lutherisch geprägten Kirche* wurde in erster Linie als Sterbezurüstung aufgefaßt, wobei dem Abendmahl eine besondere Bedeutung zukam, weil es als letztes Sakrament gespendet wurde.

Den Hausbesuch lehnte Luther ab. "... Du sollst nicht von dir selbst in andere Häuser eindringen ... sollst auch nicht leiden, dass irgendein Schleicher zu dir komme und in deinem Hause etwas Besonders mache mit Predigten, das ihm nicht befohlen ist ...", denn "Vater und Mutter haben je in ihrem Haus das Amt zur Predigt und Seelsorge ...".

Nur als erbetener Besuch, ist der Kranken- und Sterbebesuch des Pfarrers statthaft. [71]

"Laß dir an meiner Gnade genügen, meine Kraft ist in den Schwachen mächtig."

2. Kor 12,9

Die Welthändel, die an Luthers Kraft zehren, hören auch im letzten Jahr seines Lebens nicht auf. Auseinandersetzungen auf allen Ebenen: Luther muß sich gegen Vorwürfe der römischen Kirche wehren aber auch gegen andere reformatorische Gruppen. Der Papst

---

[66] H. Krimm, Quellen zur Geschichte der Diakonie, Bd. II Text 27 - S. 46-47.

[67] J. Degen, Diakonie im Widerspruch, S. 80-81

[68] Hierzu auch Schering: " Die Verknüpfung von bürgerlicher und kirchlicher Diakonie zeigte sich darin, dass das Geld, das für den gemeinen Kasten bestimmt war, im Gottesdienst gesammelt, aber bei einer Sitzung im Rathaus verteilt wurde..."(Schering, Der Gemeindediakon; S. 22).

[69] WHU, S. 686 -695

[70] Evangelischer-Erwachsenen-Katechismus; Gütersloh 1975, 1. Auflage (EEK) ; S. 530

[71] zitiert nach Christian Möller, Geschichte der Seelsorge; Band 2, Göttingen/Zürich 1995, S. 10

plant einen neues Konzil, der Kaiser weitere Religionsgespräche. Und alles deutet daraufhin, dass der Schmalkaldische Krieg losbricht.

Hinzu kommt, dass sich Luther mit einem verwickelten, viele Jahre schon währenden verschleppten Rechtsstreit befassen muß:

Seine frühere Landesherren, die Mansfelder Grafen, liegen sich mit verschiedenen Rechtshändel seit Jahren in den Haaren. Über Graf Albrecht, Luthers Gönner und Beschützer, führt sein Bruder und sein Vetter bittere Klage. Und jener erweist sich als besonders störrisch. Endlich, nachdem die Erbitterung beider Parteien auf das höchste gestiegen ist, erklärt sich der Graf bereit, Luthers Vermittlung in dem verfilzten Handel anzunehmen. So reist er am 23. Januar 1546 nach Eisleben. Schon zwei Tage später schreibt der Reformator seiner Frau, dass Eisgang und Hochwasser die Reisenden, - zwei seiner Söhne begleiten ihn - aufhalten:

"... wir müssen hier in Halle zwischen den Wassern gefangenliegen. Nicht, dass uns danach dürstete, davon zu trinken. Wir nehmen dazu gut Torgauer Bier und rheinischen Wein. Wir laben und trösten uns einstweilen ..."

Kurz vor Eisleben wird Luther von Schwäche, Schwindel und Atemnot überfallen - heutige Ärzte vermuten, dass sich darin ein Herzinfarkt ankündigt.

Dennoch, am 31. Januar - sechs Tage später - steht Luther schon wieder auf der Eisleber Kanzel. Er predigt, wie der Glaube im Paradiese entsprungen, von den Propheten fortgepflanzt, von Christus und den Aposteln verkündigt, von Anfang an und besonders jetzt in der Gegenwart durch den bösen Geist mit allem Grimm bekämpft worden sei. Der Mann aber, der im Schifflein schlafe, wird zur rechten Zeit aufwachen und Wind und Wellen Einhalt gebieten. Der älteste Glaube wird auch der letzte sein bis ans Ende der Welt.

Dann beginnen die Verhandlungen mit den streitenden Brüdern und Vettern.

Luther dringt auf gegenseitiges Nachgeben. Er bittet um Versöhnlichkeit. Glaubt zwischenzeitlich, der Streitfall sei schon beigelegt. Zu früh. Er braucht große Geduld um Gutes zu stiften.

Ein über den anderen Tag, so, wie es immer seine Gewohnheit war, schreibt er seiner "tiefgelehrten Frau Katharina, meiner gnädigsten Hausfrau zu Wittenberg, Brauerin und Richterin auf dem Saumarkt":

"Liebe Käthe, wir sitzen hier und lassen uns martern und wären wohl gerne weg davon .... ich habe um so größere Geduld, ob ich mit Gottes Hilfe etwas Größeres ausrichten könnte .... Sonst haben wir zu fressen und saufen genug und hätten gute Tage, wenn der verdrießliche Handel des erlaubt ...."

So bittet er Käthe, nicht überflüssige Sorge um ihn zu tragen.

"Liebe Käthe, Saumärkterin zu Wittenberg... Du willst sorgen für seinen Gott ... Laß mich zufrieden mit deiner Sorge; ich habe einen besseren Sorger, als Du und alle Engel sind; der liegt in der Krippe und hängt an der Jungfrau Brust aber sitzet gleichwohl zur rechten Hand Gottes, des allmächtigen Vaters. Darum sei zufrieden. Amen! ..."
Allerdings heißt es ein wenig später:
"Betet, betet, betet und helft uns, dass wir's gut machen...."
Dann endlich, wir wissen heute, vier Tage vor seinem Tod, gelingt es ihm, den Streitfall zu lösen.
Am gleichen Tag schreibt er seiner Käthe. Es sollen die letzte Zeilen sein, die er an seine Frau richtet:
"Meiner freundlichen und lieben Hausfrau ... Wir hoffen diese Woche wieder heimzukommen, wenn Gott will.
Gott hat große Gnade hier erzeigt, denn die Herren haben fast alles verglichen. Heut soll ich vornehmen, dass sie wieder Brüder werden, und will sie zu mir zu Gast bitten, dass sie auch miteinander reden, denn sie sind bis daher stumm gewest und haben sich mit Schriften hart verbittert. Sonst sind die jungen Herren fröhlich, fahren zusammen mit den Narrenglöcklein auf Schlitten, und die Fräulein auch, und bringen einander Mummenschanz.
Ich schick dir Forellen, die mir die Gräfin Albrecht geschenkt hat: die ist von Herzen froh der Einigkeit.
Wir haben hier zu essen und zu trinken; auch ficht mich der (Gallen-) Stein nicht an, Gott Lob ..."
Dann schildert Luther von einem Gerücht, der Kaiser sei ihm auf den Versen; unweit von Eisleben, in Soest schon. Und fügt hinzu:
Aber laß sie sagen und singen, wir wollen warten, was Gott tun wird. Hiermit Gott befohlen; Amen. Martin Luther, dein alt Liebchen."
Am 17. Februar wird ein Vertrag über die strittigen Punkte geschlossen, den auch Luther unterschreibt.
Ein guter Grund, sich mit Freunden zusammenzusetzen und zu feiern. Wieder spürt der Beklemmungen in der Brust. Der Atem wird ihm schwer. Er erholt sich. Schläft ruhig bis um ein Uhr des nachts. Bei ihm ist Justus Jonas, Freund und Weggefährte und immer wieder auch Beichtvater und Seelsorger. Jener berichtet, dass Luther aufstöhnt:
"Ach, Herr Gott, wie ist mir so weh; ach, lieber Dr. Jonas, ich glaube, ich werde hier zu Eisleben, da ich geboren und getauft bin, bleiben."
Schnell werden die Söhne, die ihn begleiteten, die nun wieder versöhnten Grafen und Freunde in das mitternächtliche Sterbezimmer gerufen. Der mit dem Tod Kämpfende be-

tet. Dankt Gott, dass er ihm Christus geoffenbart hat, dem der geglaubt, zu dem er sich bekannt habe aller Lästerungen zum Trotz
"Ich befehle meine Seele dem Herrn Christus und bin gewiß, dass niemand mich aus seiner Hand reißen kann."
Jonas fragt: "Wollt Ihr auf Christus und die Lehre, die Ihr verkündigt habt, beständig sterben?" Hier sind die verschiedenen Berichte nicht einheitlich: Die einen schildern, Luther habe laut und vernehmlich Ja gesagt; andere sprechen von einem leisen, dahingehauchten Ja.
Auf dem Nachttisch des Verstorben findet man einen Zettel:
"... die Heilige Schrift meine niemand genügend verschmeckt zu haben, er habe denn über hundert Jahre mit den Propheten die Kirche geleitet. Darum ist es etwas ungeheuer Wunderbares um Johannes den Täufer, Christus und die Apostel ... Wir sind Bettler, das ist wahr!"
Seine Leiche wird am 19. Februar 1546 in der Hauptkirche zu Eisleben aufgebahrt und am 22. Februar nach Wittenberg in die dortige Schloßkirche überführt. Seine letzte Ruhe findet er hier, nahe der Kanzel.

Wir sind Bettler, das ist wahr!
So stirbt kein Held. Und ein Heiliger wollte er nie werden. Am Leben, Werk und Sterben können wir nachbuchstabieren, wie einer leben und sterben konnte, der sich Gottes Gnade anvertraute, seinem Wort und seinem Christus.
Heute, 450 Jahre später, erinnern wir uns dankbar an Luther.
Warum? Gerade weil er kein Held, gerade weil er kein Heiliger war. Er war Mensch. Ein Mensch mit einer derben, kräftigen Sprache. Ein Mensch mit lustbetonten Zügen. Einer, der, wenn nicht in jedem, so doch in jedem zweiten Brief zu erzählen wußte, dass er genug zu "Fressen und zu Saufen" hatte. Ein Mensch war er, der mit seinem letzten Brief an seiner "Saumärktin Käthe", nicht nur zum gelassenen Gottvertrauen in turbulenter Zeit ermuntern konnte, sondern ihr auch noch Forellen schicken ließ.
Sensibel, treusorgend und feinfühlig; dann wieder grobklotzig und derb, ein Haudegen der die einen begeisterte weil er seinen Gegnern nicht nur auf Maul schaute, sondern ihnen auf dasselbe schlug und darum die anderen erschreckte.
Weil er die Helden und Heiligen abschaffte, hat man ihn zum alleinigen Helden und Heiligen gemacht. Etwa so besungen:

Mächtige Eiche!
Deutschen Stammes! Gottteskraft!

Wie oben im Wipfel braust der Sturm,
Sie bäumt mit hundertklauigen Armen
Dem Sturm entgegen und steht!
Sturm braust fort! Es liegen da
Der dürren veralteten Äste.
Zwei daniedergesaust. Sie steht.
Ist Luther!
Unter die ewige Eiche,
Deutschen Stammes, Gotteskraft,
Hier will ich mich setzen, und Stimme des Herrn
Hochahnend hören, und ruhn ... Johann Gottfried von Herder

So besingt man Heilige, wenn sie denn gibt oder Gott selbst wird so besungen.
Oder aber der, der so singt, sieht sich so selbst, möchte selbst der sein: die mächtige Eiche, die Gotteskraft in Person, das Bollwerk, das Sturm und Tosen trotzt ... Und immer wieder wird in dem so beschriebenen Wesen, deutsches Urgestüm und deutsche Eigenart gesehen.
Luther zumindest war dies nicht und wollte es auch nicht sein.
Wir glauben, dass er Werkzeug war; Gottes Werkzeug. Er tat, was er glaubte, zu tun schuldig zu sein. Und er hoffte, dass Gott Gnade gibt. Er vertraute, dass der Glaube, der im Paradies nicht durch uns, sondern durch Gott selbst seinen Anfang nahm, am Ende sich als recht erweist.
Darum konnte er in seinem letzten Brief hoffentlich nicht nur seine "liebe Käthe", sondern auch uns in bewegter, ungewisser Lage ermuntern:

"Aber laß sie sagen und singen, wir wollen warten, was Gott tun wird. Hiermit Gott befohlen; Amen." [72]

[72] frei nach H. Fausel, Martin Luther - Leben und Werk, 2. Band S. 303 f; H. Lilje, Martin Luther; Hellmut Diwald, Martin Luther; Klassiker des Protestantismus, Hrsg. H. Thielecke, Bd. Diedrich 273:

August Hermann Francke (*22.3.1663 +8.6.1727)

Neben Philipp Spener ist August Hermann Francke (1663-1727) der Hauptzeuge des Pietismus. Frömmigkeit ist bei ihnen, wie bei allen, die sich zu Recht Pietisten nennen, weder ein intellektuelles noch ein esoterisches Geschehen. Nach der Programmschrift Speners geht es ihnen um die "praxis pietastis", um die Erfahrbarkeit, das Konkretwerden also um die Praxis des Glaubens. Das streitbare Wissen über Gott wurde bei ihnen durch die Erfahrung Gottes, durch eine gestaltete Gottesbeziehung ergänzt. Das bloße Hören der Predigt führte in den Austausch von Glaubenserfahrungen. Die Idee der Humanität wies den Weg zur erneuerten sozialen Praxis, für die die christliche Gemeinde Verantwortung trug. So belebten die Pietisten das, was wir Diakonie nennen, nachhaltig.

Als August Hermann Francke sein Doppelamt als Professor für orientalische Sprachen der Universität Halle und als Gemeindepfarrer im hallensischen Vorort Glaucha annahm, beobachtete er die damalige Praxis: Erkrankte Arme, herumstreunende Waiserkinder und Landstreicher wurden mit der Krüppelfuhre auf die Landstraße hinauszufahren um sie an der nächsten Ortsgrenze abzusetzen. Dies war für Francke mit dem Gebot christlicher Nächstenliebe nicht vereinbar.

Im Jahr 1695 eröffnet er in Halle eine Armenschule mit dem Stammkapital von 4 Talern und zehn Groschen. In der Hoffnung, dass dies für den Anfang reicht und Gott ihn nicht im Stich läßt, entwickelt sich in kurzer Zeit ein diakonisches Werk von beachtlichem Ausmaß. Ein von Francke gegründeter Freundeskreis, dem Mitglieder des Adels, des aufstrebenden Bürgertums, Staats - und Kirchenführer angehörten und der Beziehungen über Holland, England bis nach Russland unterhielt, unterstützte den Auf - und Ausbau ideel und finanziell. Die internationalen Verbindungen nutzte Francke, um seine einerseits für seine Stiftungen zu werben um anderseits, pädagogische Modelle zu prüfen und zu übernehmen.

Neben der Armenschule entstand mit dem hallensischen Waisenhaus erstmals in Deutschland eine Heimat für elternlose Kinder, die nicht mit einem Arbeits - und Zuchthaus verknüpft war.

Studenten arbeiteten als Lehrer und Erzieher und verdienten sich auf diese Weise Unterkunft und Verpflegung. Aus diesem Zweig entwickelte Francke eine Lehrerfortbildung und begründete damit die geordnete Lehrerausbildung in Deutschland überhaupt.

Schon während der Gründerjahre besuchten mehr als 3000 Schülerinnen und Schüler die unterschiedlichsten Schulen der hallensischen Stiftung, die von Kindern aus allen Schichten der Gesellschaft besucht wurden. Unter ihnen gab es auch rund 1000 Schülerinnen.

"Damit war das bisherige Bildungsprivileg der höheren Stände prinzipiell durchbrochen, wenngleich Francke die bisherige ständische Ordnung weitgehend akzeptierte ..." [73]
Das Ziel aller Einrichtungen war, der pietistischen Grundüberzeugung gemäß: "... die Jugend zu gläubigen, im Leben überall brauchbaren, hilfsbereiten Menschen ..." zu erziehen, "... voll sprühender Aktivität ..."; jederzeit sollten sie bereit sein ... "sich der Arbeit für Gottes Reich zur Verfügung zu stellen ..." [74]
Der, der im schlichten Gottvertrauen mit 4 Talern und 10 Groschen dieses weitverzweigte diakonisch - pädagogische Unternehmen gründete, entwickelte sich zu einem schlauen Finanzjongleur.
Neben der traditionellen Methode, gemeinnützige Einrichtungen mit Spenden zu finanzieren, baute Francke wirtschaftliche Unternehmen auf, die hohen Gewinn abwarfen. So gründete er ein Pharmaunternehmen mit eigener Apotheke und eine Buchdruckerei, aus der die Cansteinsche Bibelanstalt wurde. Darüber hinaus bediente er sich aller nur denkbaren staatlichen Privilegien und Vergünstigungen.
Es soll nicht verschwiegen werden, dass bei aller Weltgewandtheit, die Pädagogik Franckes, einseitig und streng war. Der Pädagoge Uhsadel führt mit Recht aus:
"Vergleicht man Franckes pädagogische Grundsätze mit Forderungen Luthers, so muß man einen Rückschritt feststellen. Während Luther für das Kind Spiel und Frohsinn auch in der Schule forderte, wurden Franckes Lehrer angewiesen, den Kindern 'auf evangelische Weise' klarzumachen, dass Spielen Eitelkeit und Torheit sei. Die Kinder sollten nichts ohne Aufsicht des Erziehers tun. Es gab keinen freien Sonntag und keine Ferien. Musik wurde verworfen, da sie leicht zu liderlichem Wesen führe. Für körperliche Züchtigung, die nach festen Regeln erfolgte, sollte sich das Kind durch Handreichen bedanken. Lob sollte vermieden werden." [75]
Jeder von uns hat die Entschuldigung, Kind seiner Zeit zu sein. Diese Entschuldigung sollten wir auch den Größten gewähren.
Das, was Erich Beyreuther, der Biograf zusammenfassend feststellt, gilt ohne Einschränkungen:
"Francke hat für die Folgezeit das Modell einer diakonischen Anstaltsgemeinschaft geliefert. Als soziale Reformbewegung großen Ausmaßes hat der hallensische Pietismus erstmalig die Schwelle jenes Verharrens überschritten, indem man nicht nur geschlagene

[73] Erich Beyreuther, Geschichte der Diakonie und Inneren Mission in der Neuzeit; Wichern-Verlag, Berlin 1962; S. 37
[74] ebenda
[75] W. Uhsadel; b) Franckes Bedeutung für die Pädagogik; RGG 3.Auflage; 1016

Wunden zu heilen versuchte. Er hat darum gekämpft, ihre Entstehung bereits zu verhindern ...
Es läßt sich unendlich viel reformieren, wenn man entsprechende sozialpolitische Baupläne besitzt ... Das ist ein neuer Klang im deutschen Luthertum ..." [76]

[76] E. Beyreuter, a.a.O. S. 41

2

Der Glaube der Christen in der Neuzeit

Das "Wasser des Lebens", das seit zweitausend Jahren fließt, ist vor Eintritt in das dritte Jahrtausend ein weitverzweigtes, vielfach verästeltes Flußdelta geworden.
Kirchen- und Frömmigkeitsgeschichte dieser Zeit gilt es nachzuzeichnen. Wohl dem, der das Jahrhundert der Reformation oder das der Orthodoxie, der Aufklärung oder das des Pietismus beschreibt. In jenen Zeiten gab es große, faßbare Strömungen mit epochalen Themen, die übergroße, geniale Persönlichkeiten gestalteten. Im 19. und 20. Jahrhundert hingegen haben wir es mit einem ganzen Flußdelta, mit einer Vielzahl von kirchlichen und frömmigkeitsgeprägten Rinnsalen, Bächen, Flüssen, Strömen und Kanälen zu tun.
Geniale Persönlichkeiten? In Hülle und Fülle vorhanden! Nicht ein Genius diktiert; eine Vielzahl von Geistern bestimmt und zerreißt das einheitliche Bild. Die Vielzahl der Geister in einer Vielzahl von Fürstentümern und Gewalten. "Zu dem Zeitpunkt, zu dem unsere Erzählung beginnt, sagen wir im Jahre 1789, gab es im Reich 1789 territoriale Herrschaften, von denen einige in Wahrheit selbständige Staatsgebilde, europäische Mächte waren, während die Mehrzahl aus ein paar Schlössern und Dörfern bestand" – mit dieser Feststellung beginnt Golo Mann, der sorgfältige Chronist jener Zeit, seine Deutsche Geschichtserzählung. 28 Fürstentümer und vier freie Städte waren es schließlich, die nach 1806, nach dem Zerfall des "Heiligen römischen Reiches deutscher Nation", "brüderlich mit Herz und Hand" nach "Einigkeit und Recht und Freiheit" in einem deutschen Vaterland strebten und die den Deutschen Bund gründeten, der gut ein Halbjahrhundert Bestand haben sollte (1815-1866). [77]
Als das erste Jahrhundert, das es zu beschreiben gilt, begann, waren gerade vier Jahre verstrichen, seit Immanuel Kant in Königsberg seine regelmäßige Lehrtätigkeit aufgab, aber sich weiter den Fragen nach dem Recht, dem Sinn und den Grenzen der Wissenschaften und der Verwirklichung menschlicher Freiheit stellte. In Weimar diskutierten Goethe (+1832) und Schiller (+1805), Herder (+1803) und Falk (+1826), Wieland (+1813) und Eckermann (+1854). Diesem Kreis der einflußreichen Giganten werden im 19. Jahrhundert Hegel und Fichte, Schelling und Marx und ihre Epigonen folgen.
Die Forschungen eines Charles Darwin - wie später die des Wiener Nervenarztes Sigmund Freud - erschüttern Theologen beider Kirchen und vor allem manch frommes Ge-

[77] Golo Mann, Deutsche Geschichte des 19. und 20. Jahrhunderts; 1958/66, S. 27

müt, wie vormals die Forschungsergebnisse eines Galilei und Kopernikus. Die Erschütterung sitzt tief. Bestreitet Darwin doch die Einmaligkeit des Menschen, und Freud zeigt auf, dass der, der gottgleich Welt und Kosmos erobern und beherrschen möchte, noch nicht einmal Herr seiner eigenen Psyche zu sein vermag!
Neben diesen Kränkungen des menschlichen Stolzes lösen die naturwissenschaftlichen Erkenntnisse bei den Kirchen und ihrer Theologie grundsätzliche Anfragen und Verunsicherungen aus.
Dort, wo Kirche und Theologie sich total verstand, mußten die Erkenntnisse der Naturwissenschaften als Irrlehre gebranntmarkt und bekämpft werden. Da gab es zwei Wege, entweder ein trotziges "Und die Bibel hat doch recht ..." oder die Einsicht, dass das biblische Zeugnis gar nicht beansprucht, exakt naturwissenschaftliche Informationen zu liefern. Bei diesem Ansatz werden biblische Texte als Glaubenszeugnis verstanden, die nicht in erster Linie an der Frage interessiert sind, wie (z. B.) die Welt entstanden ist, sondern wem wir Menschen sie verdanken und welcher Ort innerhalb der Schöpfung uns zugewiesen ist.
Dort, wo die Naturwissenschaften sich – oft durch die Kirchen dazu herausgefordert - total verstanden, hörten sie auf, allein ihre Erkenntnisse darzustellen, sondern verbanden mit ihrer Darstellung zugleich eine Deutung von "Weltall, Erde, Mensch", traten damit bewußt in Konkurrenz zu den Kirchen und Religionen und warfen ihnen den Fehdehandschuh hin.
Dort, wo Kirche und Theologie je bei ihrer Sache bleiben, gilt es das Verhältnis von Glaube und naturwissenschaftlicher Erkenntnis zu beschreiben. Das kann dann so lauten, wie wir es bei dem Verhaltensforscher und Nobelpreisträger Konrad Lorenz finden:
"Hingegeben ans Schauen und versunken in anbetende Bewunderung der Schöpfung und ihrer Schönheit – bin ich, dem Schöpfer sei Dank, immer noch durchaus imstande, wesentliche Einzelheiten zu beobachten." [78]
Angesichts der Fülle der durch die Naturwissenschaften erbrachten Erkenntnisse – zumal gepaart mit den durch die Technik zur Verfügung gestellten Möglichkeiten -, sind Theologie und Kirche aufgefordert, Gewissen zu schärfen und den Verstand zu erhellen. Es wird ihre Aufgabe sein müssen, ethische Leitlinien zu entwickeln, die einen vor dem Schöpfer ehrfürchtigen und für den Menschen hilfreichen Umgang mit all den zur Verfügung gestellten Möglichkeiten gewährleisten. Dabei ist längst erkannt, dass sowohl in der Nuklear - und Gentechnik als auch im Bereich der Transplantationschirurgie und der vielen lebensverlängernden, aber auch der lebensverkürzenden Techniken nicht all das getan werden darf, was naturwissenschaftlich - technisch möglich ist.

[78] Konrad Lorenz, zitiert nach EEK, S. 160

Zurück zum politischen Geschehen: Überall in Europa brodelt es.

1866 zerfällt der Deutsche Bund. Das Bürgertum strebt nach Demokratie. Die Monarchen widerstanden - mit Erfolg.

Die evangelische Kirche gibt es nicht. Es gibt einzelne landesherrliche Kirchenregimente mit dem jeweiligen Fürsten als höchstem Bischof. Die Verwaltung der Kirchen liegt in staatlichen Händen.

Revolutionäre Stimmung. Kirchenfeindlich zumal. Wen wundert' s. Die Kirche trägt schwer an ihrem landesherrlichen Kirchenregiment. Jeder Angriff von irgendeiner Seite auf den bestehenden Staat und die bestehende Gesellschaft wird als Angriff auf sie selber empfunden.

In der Kirche selbst wird der revolutionäre Wandel als teuflischer Abfall vom Glauben bekämpft. Ergebnis: Die Gemeindeglieder wenden sich von der Kirche ab und verzichten weithin auf kirchliche Amtshandlungen. Massenaustritte. Die Kirche verliert einen großen Teil aus der arbeitenden Bevölkerung.

Im Bereich der protestantischen Kirche führt im 19. Jahrhundert Friedrich Daniel Schleiermacher das Zepter. Schleiermacher ist das, was wir einen Vermittlungstheologen nennen. Kein Mann des Streites, eher auf Versöhnung und Harmonie bedacht. Den Ertrag der Aufklärung aufnehmend, darum bemüht, Glauben und Vernunft, Philosophie, Frömmigkeit und Kultur zusammenzuschauen. Wie sollte auch auseinanderfallen, was aus der Harmonie des göttlichen Schöpfergeistes stammte: Der Mensch ein Gefühls - und Vernunftwesen zugleich. So bringt Schleiermacher "das Gefühl im Frömmigkeitsvollzug zu neuem Ansehen." [79] Für ihn ist Religion "das Gefühl der schlechtinnigen Abhängigkeit." Indem der einzelne seine religiösen Erfahrungen anderen mitteilt, durchbricht er seine Einsamkeit, schafft und erfährt er Gemeinschaft.

Die durch die Aufklärung begründete Zweck - und Vernunftethik, die immer in Gefahr ist, zu einem blanken Moralismus zu entarten, überwindet Schleiermacher, indem er das Wirken des Christen in darstellendes und wirksames Handeln unterscheidet.

Im Gottesdienst – und hier vor allem in der Liturgie und in den Sakramenten - wird der sich versammelnden Gemeinde vergegenwärtigt, wie Gott die Welt verstanden haben will. So ist die Versammlung der Gemeinde *darstellendes Handeln.*

"Das *'wirksame Handeln'* aber zeigt, woraufhin der Christ lebt, nämlich auf das Gottesreich zu. Er versucht, im Alltag dieses Gottesreich vorzumalen durch vernünftiges und frommes Handeln im Rahmen dessen, was die Kirche als richtig erkannt hat." [80]

---

[79] nach Hartmann, Das 19. Jahrhundert; S. 228

[80] ebenda S. 229

Aber nicht Friedrich Daniel Schleiermacher, diesen theologischen Übervater des 19. Jahrhunderts, den Hamburger Hilfsprediger Johann Hinrich Wichern wird Theodor Heuss "die bedeutenste protestantische Persönlichkeit des 19. Jahrhunderts" nennen. Bedeutend war ihm, dem späteren Präsidenten, der, der eine Antwort auf die soziale Frage des 19. Jahrhunderts suchte, der zusammenführte, was zusammenzuführen war, um der Not der verelendeten Massen zu wehren. Wenn die politische Revolution auch mehrfach scheiterte, durch die Einführung der Dampfmaschine begann das Industriezeitalter und mit ihm die soziale Revolution. Das Handwerk verlor seinen "goldenen Boden", Gesellen und ihre Familien wurden brot -, wohnungs - und heimatlos. Die Gesellschaft brach auseinander. Weder Familie noch Zünfte waren in der Lage, Alte und Schwache, Kranke und Invaliden zu tragen. Es sollte Jahrzehnte dauern, bis der Staat begann, sich auch als Sozialstaat zu verstehen.

Christliche Einzelpersönlichkeiten beider Großkirchen und Gruppen aus den Kirchen erkannten ihre sozialen Aufgaben, nahmen sie an und wurden aktiv. Landauf, landab entstanden Kinderverwahranstalten, Findelhäuser, Krankenanstalten, Gesellenhäuser und Hospize. In Nordhessen das Sophienheim in Helsen, das 1887 Waldecksches Diakonissenhaus wurde, und 1912 das Bathildisheim. Mit der gleichen christlichen oder doch einer ähnlichen Motivation und Gesinnung eröffneten in der zweiten Hälfte des 19. Jahrhunderts die 73 Diakonissenmutterhäuser, die heute im Kaiserswerther Verband zusammengeschlossen sind und die 29 Diakonen - Büderhäuser wichernscher Prägung ihre Rettungshausdienste.

Nicht immer war der Motor dieser helfenden Einrichtungen ausschließlich die christliche Barmherzigkeit. Friedrich von Bodelschwingh (Vater) aus Bethel, ein früherer Spielgefährte und persönlicher Freund des späteren 88-Tage-Kaisers Friedrich III, sah in seinem sozialen Engagement auch einen Beitrag zum Erhalt der Monarchie. Dem Vorwurf, systemerhaltend zu wirken, ist jede soziale Tat zu jeder Zeit ausgesetzt. Diakonie und Caritas bemühen sich zunächst um Opfer der jeweiligen Gesellschaft. Indem sie das tun, stabilisieren sie auch die vorhandenen Systeme. Deshalb - und dies haben fast alle Gründerväter erkannt - muß auf die diakonische Spontan - und Einzelfallhilfe das gesellschaftspolitische Handeln der Kirchen folgen, das Unrechtssysteme und – handlungen beim Namen nennt und zu verändern sucht.

In dieser Hinsicht wurde konsequenterweise Friedrich von Bodelschwingh preußischer Landtagsabgeordneter und setzte sich hier für das Genossenschaftswesen und für die Errichtung von Arbeitersiedlungen ein.

Der katholische Erzbischof von Mainz, W. E. von Ketteler, wird 1848 Abgeordneter im Paulskirchenparlament, der Frankfurter Nationalversammlung, und 1871 Zentrumsabgeordneter des Reichsparlaments. In sechs Predigten nimmt er Stellung zu den "großen sozialen Fragen der Gegenwart", verfaßt ein Buch über die "Arbeiterfrage und das Christentum". Er ruft in dieser Schrift die sittlich - religiösen Kräfte auf, sich gegen das liberale Wirtschaftssystem auszusprechen, und plädiert unmißverständlich im Sinne der Lassalleschen Argumentationen gegen das "eherne Lohngesetz", welches besagt, dass im Kapitalismus "der durchschnittliche Arbeitslohn immer auf den notwendigen Lebensunterhalt reduziert bleibt." [81] Ketteler trat, wie später Papst Leo XIII, für eine Entlohnung ein, die nicht nur den Lebensunterhalt sichert, sondern auch die persönliche Freiheit ermöglicht.
In seiner Sozialenzyklika "Rerum novarum" finden wir das entscheidende Dokument der römisch - katholischen Kirche zur sozialen Frage des 19. Jahrhunderts. Papst Leo XIII. gibt sie 1891 heraus.
In dieser Schrift betont das Oberhaupt der katholischen Christenheit das besondere Schutzbedürfnis "der niederen, besitzlosen Klasse". Er verlangt vom Staat Schutzmaßnahmen zur "Sicherung des privaten Besitzes". Zum Schutz geistiger Güter. Vor allem ist der Ausbeutung durch eigennützige und hartherzige Arbeitgeber, welche die Arbeiter "nicht wie Menschen, sondern wie Sachen behandeln", ein Ende zu machen. Kinder - und Frauenarbeit soll Einhalt geboten werden. Und der Lohn soll so ausreichend sein, dass der Arbeitnehmer einen Anreiz zum Sparen bekommt und so zu einem persönlichen Besitz kommen kann.
Was in der Überzeugung begann, dass der christliche Glaube jenseits von purer Restauration und Revolution einen dritten Weg aufzuzeigen und zu gehen vermag, wird hundert Jahre später die Identitätskrise der christlichen Kirchen verstärken. Seit Mitte des 20. Jahrhunderts geschehen nicht nur aus christlichem Glauben und mit ihm "Werke rettender Liebe" auf einen unübersehbar großen Sozialmarkt. Seit der Staat sich als Sozialstaat versteht und in der Gesellschaft, Mildtätigkeit höchste Wertschätzung erfährt, läßt sich allein durch helfende Taten weder der Glaube bezeugen noch die Kirche als "heilende Gemeinschaft" darstellen.

Falsch und einseitig wäre es allerdings, angesichts der sozialen und gesellschaftlichen Umbrüche des 19. Jahrhunderts, nur die ratlosen und unbeweglichen Großkirchen mit ihrem Bemühen oder Versagen darzustellen.

[81] Evangelisches Soziallexikon, 1965, 5. Auflage, Seite 769

Es gilt auch, an **die vielen missionarisch - evangelikalen Aufbrüche** in beiden Großkirchen zu erinnern. Werfen wir einen kurzen, beispielhaften Blick auf die Entstehung und Eigenart der Minden-Ravensberger Erweckungsbewegung:

Die radikale Absage an die vorherrschende rationalistische Theologie einerseits und der soziale Wandel andererseits, der zur Massenarmut führte, verbunden mit einer tiefsitzenden Skepsis gegen das theologische Amt, verschaffte der Erweckungstheologie Gehör und Raum. Sie betonte "im Rückgriff teils auf den älteren Pietismus (A. H. Francke, Herrenhuter Brüdergemeinde), teils auf Luther, die buchstäbliche Autorität der Bibel, das sola fide und den Primat des religiösen Gebotes gegenüber der 'weltlichen' Moral. Predigt und Erbauung waren durchtränkt von einem pessimistischen Menschenbild; daher der flammende Aufruf zu Buße und Bekehrung ... Andererseits war die Erweckungsbewegung auch eine Bewegung von Laien. Ihr selbstbewußter Anspruch, mit der Erweckung den 'richtigen' Glauben zu besitzen, verwischte zuweilen die Unterschiede zwischen Laien und Geistlichen... Die 'Erweckten' standen daher zunächst in mehr oder weniger großer Distanz zur Amtskirche und versammelten sich in privaten häuslichen Andachten, den Konventikeln ..." [82] Da "private religiöse Versammlungen" verboten waren, weil man "Religionsschwärmerei" [83] befürchtete, waren die Versammlungen der Erweckten umstritten und wurden von außen mißtrauisch beobachtet. Dass den Anfeindungen zum Trotz von einer flächendeckenden Erweckungsbewegung gesprochen werden konnte, wurde mit folgenden Worten gewürdigt: "Der Gegensatz zur gleichgültigen oder gottlosen Welt, die brüderliche Liebe der Erweckten untereinander, das Bewußtsein der Gnade und Erlösung gibt einem jeden einen tief empfundenen Selbstwert ..." Der Erlösungsglaube stellt "eine spezifische Hoffnung gerade für die dar, die sonst nicht im Zentrum des gesellschaftlichen Ansehens standen. Sie lernten, ... dass auch ihre Seelen von ewigem Wert waren." [84]

Erinnert sei auch in diesem Zusammenhang an die Entstehung der Freien evangelischen Gemeinden. Auch sie entstanden als "Erweckungen ..., die ihre Wurzel im Pietismus haben" sie verstehen sich als "Aufbruch lebendiger Gläubigkeit im Widerspruch zu ödem Vernunftglauben und zu toter Rechtgläubigkeit." [85] In einer 1978 verfaßten Selbstdarstellung beruht das "Hauptanliegen der Freien evangelischen Gemeinden ... nicht auf einer besonderen Lehre, einem für alle Glieder verbindlichen Glaubensbekenntnis und Lehrschema oder einer besonderen Schriftauslegung, sondern in dem Versuch, Gemeinde

---

[82] J. Mooser, Erweckungsbewegung und Gesellschaft in: Frommes Volk und Patrioten; Bielefeld 1989, S. 11f
[83] J. Mooser, Konventikel, Unterschichten und Pastoren; ebenda S. 16
[84] ebenda, S. 32
[85] nach der Selbstdarstellung Wöhrle, zitiert aus. Handbuch religiöser Gemeinschaften, Gütersloh 1978, S. 46

nach dem Vorbild und den Richtlinien des Neuen Testamentes zu sein." [86] Diese neutestamentlichen Gemeinden "waren darum 'evangelische' Gemeinden, weil das Evangelium von Jesus Christus ihr Fundament, aber auch die Voraussetzung ihres weiteren Aufbaus war. Die im Neuen Testament genannten Ortsgemeinden waren selbständige Gemeinden. In ihnen trafen nicht einzelne allein notwendige Entscheidungen, sondern in Gemeindeversammlungen war die ganze Gemeinde daran beteiligt. Diese freien Gemeinden waren aber miteinander verbunden. Sie handelten, wenn es notwendig wurde, auch gemeinsam. Mitglied kann werden, wer an Jesus Christus glaubt als den gekreuzigten und auferstandenen Gottessohn und wer der Vergebung der Sünden gewiß ist ..." [87]

Das 20. Jahrhundert hat andere Themen:

Zwei Weltkriege und ihre Folgen bestimmen das Bild.

Und die russische Revolution, in deren Folge mehr als ein Halbjahrhundert der Globus sich teilen wird; nicht nur in Ost und West, sondern auch in einen christlichen und einen atheistischen Einflußbereich. Da wird politisch erfahrbar, was sich bereits im 19. Jahrhundert in der Atheismusdiskussion abzeichnete. Die von Karl Marx erträumte "klassenlose Gesellschaft" tritt unter dem Slogan an: "Uns hilft kein Gott, kein Kaiser, kein Tribun. Uns aus dem Elend zu erlösen, das müssen wir schon selber tun!" Atheismus – nicht logische Folge der gesellschaftlichen Analyse; mehr die Folge der Tatsache, dass sich Kirche und Staat, Thron und Altar auf Gedeih und Verderb miteinander verbunden wußten.

Die Stimme eines christlichen Sozialismus wird später – 1968 während der studentischen Revolten - kämpferisch Helmut Gollwitzer artikulieren: Gollwitzer machte sich einen Satz Adolf Grimmes zu eigen: "Ein Sozialist kann Christ sein, aber ein Christ muß Sozialist sein."[88] Ein provozierender Satz. Ein Satz, dem sofort, und zwar aus Glauben, widersprochen werden muß. Gollwitzer weiß es. So widerspricht er: "Christlicher Glaube verpflichtet auf keine Philosophie, auf keine Art, die Welt anzuschauen, auf keine Gesellschaftsordnung, auf kein Programm ... Christen müssen überhaupt nichts ... die Liebe des Vaters kennt keine Bedingungen! Nun aber das Aber! Die durch Gott initiierte und gestaltete Verbindung "macht den Jünger Jesu zum Mitwisser des Willens Gottes ... zum Mitarbeiter des Vaters. Und der Vater will, dass all seine Kinder das ganze Leben - also das leibliche, das geistige, das geistliche, das soziale und politische Leben - in ganzer Fülle haben. Damit sind Inhalt und Ziel formuliert:

[86] ebenda, S. 50
[87] ebenda, S. 51
[88] H. Gollwitzer, Umkehr und Revolution; Kaiser TB 48 - Bd 2: - Muß ein Christ Sozialist sein? - Ich bin Kommunist - Warum bin ich als Christ Sozialist? - Warum ich als Christ Sozialist bin. Seite 10-61

"Das Ziel des Dienstes der Jünger ist eine Gesellschaft, die ihren ungleich begabten Gliedern Gleichberechtigung gibt und jedem Glied die Chance ganzer Lebensentfaltung, in der die Starken den Schwachen helfen, in der die Produktion im Dienste aller steht, in der das Sozialprodukt nicht von einer privilegierten Minderheit abgeschöpft wird, so dass den anderen nur der bescheidene Rest zur Verfügung steht... Das ist eine sozialistische, klassenlose Gesellschaft. Hinsichtlich dieser Zielvorstellung, die zugleich das Kriterium für die Kritik jeder bestehenden Gesellschaft gibt, läßt der Wille des Vaters dem Jünger keine Wahl. Er muß Sozialist sein...".[89]

In seinen Thesenreihen macht Gollwitzer darauf aufmerksam, dass "die materiellen Vorstellungen der messianischen" und damit der skizzierten sozialistischen Ideen, "alle aus der jüdisch-christlichen Welt" stammen. [90] Daraus zieht er den Schluß: "Wenn Christen durch ihre Verkündigung messianische Hoffnungen wecken, dann sollten sie auch jenen beistehen, die sie zu aktualisieren zu versuchen." [91]

In all seinen politischen Schriften und Reden wird deutlich, dass der Prediger dem Revolutionär die Vorgaben macht. Ihm, Gollwitzer ging es darum, dass die am Kreuz Jesu bezeugte Liebe Gottes allen Menschen gilt, dass wir Christen den Auftrag haben, für die größtmögliche irdische Gerechtigkeit zu sorgen und ja den Ruf zur Umkehr nicht versäumen.[92]

Wie soll das gehen? Leiden an den Widersprüchen ist angesagt!

Gottes Zukunftsverheißung dagegen ist eindeutig. Gottes eigenes Versprechen, alles neu zu machen. Seine Revolution. Sie ist es, die uns Christen mobilisiert. "Die Revolution, die wir nicht machen, befähigt uns zu der Revolution, die wir zu machen haben", kann Gollwitzer formulieren.

Nun ein Blick in die andere Richtung:

Im 20. Jahrhundert tyrannisieren **mehrere faschistische Diktaturen**, der deutsche NS-Staat zuvörderst, ihre Völker und ihre Nachbarn und vernichten alles, was andersartig ist; sie gebärden sich als Ersatzreligion und beanspruchen ihre Untertanen total. Dietrich Bonhoeffer, der Pfarrer und Widerstandskämpfer, kritisiert dies bereits im April 1933 in einer Rundfunkansprache, die allerdings nach dem folgenden Satz abgeschaltet wird: "Ihr Führer wird zum Verführer, indem er sich zum Abgott macht." Es bildet sich, weil halbjüdische Pfarrer vom Berufsverbot bedroht sind, [93] auf Initiative des Dahlemer Pfarrers Martin

[89] ebenda S. 15 - 18
[90] H. Gollwitzer, Umkehr und Revolution, Kaiser TB 47; hier: Christian Keller, Einführung S. 7-34
[91] ebenda S. 19
[92] Chr. Keller, a. a. O. S 7
[93] E. Betghe, Bonhoeffer, a. a. O. S. 357ff

Niemöller, der Pfarrernotbund, der später als Bekennende Kirche im Untergrund Widerstand leistet.

Widerstand bis hin zur Beteiligung am Tyrannenmord durch Christen? Vielmehr noch, durch aktive Mitbeteiligung eines Pfarrers?

Bis zum 1. Weltkrieg für eine christliche Ethik undenkbar. Da konnte es noch so viele Gruppen und Parteiungen geben, die gegeneinanderstanden. Begann der Krieg, kannte der Kaiser keine Parteien, nur noch Soldaten. Vorrangig war, in Friedens - wie in Kriegszeiten, der Staatsgewalt Gehorsam zu leisten, dem, der voranging und der sein Amt der Gnade Gottes verdankte, allemal! Wenige Jahre nur und in einer christlichen Ethik ist der Satz zu lesen: "Wo Recht zum Unrecht wird, wird Widerstand zur Pflicht!" [94] Und dieser Satz ist nicht an die Adresse der Herrschenden, die das Gewaltmonopol in Händen haben, sondern an die Christengemeinde gerichtet.

Kaum war Deutschland von der Terrorherrschaft befreit, begann der Streit: Gehört Dietrich Bonhoeffer zur Schar der christlichen Blutzeugen? Oder, so argumentieren andere: War er nicht bloß ein politischer Widerstandskämpfer? [95]

In einem anschaulichen Beispiel hatte Bonhoeffer dargelegt, warum er als Pfarrer und Christ seine Aufgabe darin sah, dem Führer des deutschen Volkes, der tatsächlich ein brutaler Amokfahrer war, das Handwerk zu legen. "Was ist die Aufgabe eines Pfarrers, der am Kurfürstendamm miterlebt, wie ein Amokfahrer Menschen tötet? Ist es nur die Aufgabe, die Getöteten zu beerdigen und die Angehörigen zu trösten? Oder muß es nicht auch – für den, der die Möglichkeit dazu hat - die Aufgabe sein, dem Amokfahrer das Steuerrad aus der Hand zu reißen, selbst wenn es sein Leben kostet?"

So, wie Bonhoeffer, werden nach ihm Don Helder Camara, Leonardo Boff und Ernesto Cardinale fragen. Diese theologische Anfrage nach dem Standort der Kirche in einem möglichen Befreiungskampf, steht auch hinter der erbittert und polarisierend geführten Anti – Rassismus - Diskussion des Ökumenischen Rates in den siebziger Jahren.

Was D. Bonhoeffer beispielhaft im Widerstand vorlebte, war für ihn mehr als die zufällige Tat eines einzelnen Christen. Christusnachfolge vollzieht sich für Bonhoeffer im "Beten und Tun des Gerechten", darin, dass die Kirche nicht in erster Linie gottes - oder selbstdarstellerisch für sich, sondern "für andere" da ist. Aus der nach innen gelebten Frömmigkeit, die einer Arkandisziplin unterliegt, folgt konsequenterweise der "weltliche Gehorsam" [96] eben als das "Tun des Gerechten". Bonhoeffer soll gesagt haben: "Nur wer für die Ju-

---

[94] H. Gollwitzer,....

[95] E. Bethge stellt in seiner Bonhoeffer-Biographie dar, dass B. wußte, wie schwer für seine Bekennende Kirche ist, sich mit seiner Tat zu identifizieren: S. 893, siehe auch: S. 1042

[96] "'In Christus sein' heißt an der Welt teilhaben"...; Bethge, a.a.O. S. 809; 997, 998

den ins Feuer springt, darf gregorianisch zu singen." Eine Belegstelle für dieses Zitat ist nach Feststellung seines Freundes und Biographen Eberhard Bethge zwar nicht vorhanden; das Zitat entspricht aber voll und ganz bonhoefferschem Denken und Vorbild. [97]
Weitere Stichworte des Jahrhunderts:
Globale Völkerwanderungen zeichnen sich ab. Nationalstaaten erweisen sich angesichts der globalen, multi - kulturellen Herausforderungen als unfähig. Grenzen verlieren ihre Bedeutung. Globalisierung wird zum Zukunftswort.

Die Evangelische Theologie
am Ende des 19. und am Anfang des 20. Jahrhunderts [98]

Die Anwendung der historisch - kritischen Methode in der Bibelwissenschaft wurde das Problem, das als Erbe des 19. Jahrhunderts in die Theologie des 20. Jahrhunderts eingebracht war.
Man hatte erkannt, dass es in der Bibel mythische, im weiteren Sinne unhistorische Bestandteile gibt, und zwar an entscheidender Stelle. Ihre genauere Erkenntnis führt ansatzweise zur Bestimmung der Eigenart biblischer Texte: Sie sind Glaubenszeugnisse. Die Evangelien bieten nicht ein historisches Leben Jesu, sondern sind von Ostern her entworfen und eingefärbt. Es wird nicht unbeteiligt über Jesus, den Damaligen, berichtet; Jesus wird vielmehr von den Evangelisten engagiert verkündigt. Im Neuen Testament finden wir keine distanzierten Berichte; das Neue Testament ist vielmehr "der besterhaltene Predigtband der Kirche". [99]
Bezeichnend für die Zeit ist der Versuch Adolf von Harnacks, das Evangelium unter Abstreifung der zeitgeschichtlichen "Schale" so in die Gegenwart hineinzustellen, dass es von ihr als gültig angenommen wird.
Harnack gilt mit Recht als einer der Wortführer der sogenannten "liberalen Theologie" oder des "Neuprotestantismus". In Theologie und Kirche, so Harnack, gehe es darum, "den alten Glauben auf neue Weise zu verkündigen". Sie habe intensive historische Arbeit zu leisten und darin wissenschaftlich wahrhaftig zu sein. Glaube und persönliche Überzeugung können nicht zweierlei sein. Hier meldeten sich Beweggründe, welche die evangelische Theologie nicht ungestraft außer acht lassen kann. [100]
Ernst Troeltsch hat um die Jahrhundertwende am deutlichsten das Problem erkannt, vor das die rückhaltlose Anwendung der historisch - kritischen Methode auf die Bibel die

[97] Bethge, a.a.O.
[98] nachfolgender Abschnitt dargestellt nach: Eberhard Hübner, Evangelische Theologie in unserer Zeit; Carl Schünemann-Verlag, Bremen, 1966
[99] Martin Kähler
[100] ebenda, S. 31

Theologie stellen mußte. Für ihn bedeutet sie die grundsätzliche Gleichstellung der biblischen mit aller Überlieferung überhaupt. Letztlich: Grundsätzliche Infragestellung supranaturaler Ereignisse - totale Relativierung alles Historischen, also auch der biblischen Berichte. [101]

Dagegen verdient der Weg Beachtung, unter Berücksichtigung der historischen Fragen die Botschaft der Bibel von Gottes Offenbarung in einer bestimmten Geschichte als Sache der Theologie festzuhalten. [102]

Vor allem durch Sören Kierkegaard wurde in der Mitte des 19. Jahrhunderts das Christentum auf seine ihm vorgegebene Sache, die Offenbarung Gottes in einer bestimmten Geschichte verwiesen, und der Glaube als einziger Zugang zu ihr in aller Strenge herausgestellt. Wenn sich Kierkegaard auch nicht den historischen Fragen seiner Zeit besonders zuwandte, seine Bestimmung der biblischen Offenbarung weist grundsätzlich einen Weg zu ihrer Überwindung. Denn dass diese Offenbarung in keiner Weise, auch historisch nicht, einsichtig gemacht werden kann, ist das Kernstück seiner gesamten Argumentation. [103]

In Auseinandersetzung mit den Folgen der Anwendung der historisch - kritischen Methode in der Bibelwissenschaft treten sich zwei theologische Grundrichtungen gegenüber.

Die eine beruft sich auf eine natürliche Gottesoffenbarung, auf eine allgemeine Religion. Indem man dies tut, resigniert man vor der biblischen Aussage, dass Gott sich in einer bestimmten Geschichte offenbart hat. Damit gibt man aber auch den theologischen Ansatz der Reformation preis.

Die andere nimmt die historischen Probleme als strengen Ruf zum Glauben an. Dass Gott sich in einer bestimmten Geschichte offenbart, ist hier kein historisch einsichtig zu machender Satz mehr, sondern allein dem Glauben sich erschließende Wirklichkeit eigener Art.

Die Neuorientierung der Evangelischen Theologie nach dem ersten Weltkrieg

Die akademisch - geführte theologische Diskussion wird seit Ende des ersten Weltkriegs von Karl Barth und der von ihm mit begründeten dialektischen Schule bestimmt. Jener bricht mit Schleiermacher. Verstand Schleiermacher Theologie und Frömmigkeit als einen Teil der allgemeinen Kultur und definierte er Religion als das "Gefühl der schlechthinnigen Abhängigkeit", so schleuderte ihm Barth entgegen, dass Gott immer der "ganz andere"

[101] ebenda, S. 36
[102] ebenda, S. 41
[103] ebenda, S. 46

sei. Skepsis macht sich breit gegenüber Gefühl und Kultur, Vorverständnis und Religion. Begründete Skepsis: Karl Barth und die Seinen zeigen auf, dass alle Vertreter der Schleiermacherschen Schule und der liberalen Theologie bereitwillig in die völkische Kriegsmaschinerie eingetreten sind. Was noch schlimmer war, sie haben predigend gutgeheißen, was auf den Schlachtfeldern geschah. Darum der Warnruf: Vermischt nicht eure persönlichen Gefühle, eure Kultur, eure staatlichen Eigeninteressen mit der Unantastbarkeit und Erhabenheit Gottes. Es gilt die Souveränität Gottes zu betonen und die seines Wortes, das uns "senkrecht von oben" trifft.

In der Schule Barths wurde gelehrt, dass es gleich zu Beginn der Kirchengeschichte zwei Sündenfälle gab.

Der erste: Kein anderer als der sonst so verklärte Paulus sucht und findet für seine Missionspredigt im heidnischen Göttertempel einen Anknüpfungspunkt. Das sei eben Paulus nach Art des Lukas. So wie hier gibt man Gott, den Einzigen, den ganz anderen, dem sündhaften Spiel der Religionen preis.

Für den zweiten Sündenfall werden Konstantin oder seine Nachfahren verantwortlich gemacht. Jene verraten die anarchische Gesellschaft der Jesusjüngerschaft [104], indem sie Christ wurden, aber Kaiser blieben. [105] Nun läßt sich Nachfolge nicht mehr nach Geist und Buchstabe der Bergpredigt leben. Nun muß interpretiert, nach Gesinnung geschnüffelt, der apokalyptische Rahmen retuschiert, nach der jeweiligen Situation gefragt und sogar zwischen Amt und Person unterschieden werden, [106] damit die herrschende Macht die Macht der jeweils Herrschenden bleibt, [107] und so verraten sie, trotz Taufe, das herangebrochene Reich Gottes an angeblich höhere Staatsinteressen. Jesus, der Künder des Reiches, ist fortan zum Stifter einer weiteren Religion pervertiert. Er verkündet das Reich - und es kam die Kirche. [108]

Wer ist an all dem Schuld: Im ersten Fall der gesuchte und gefundene Anknüpfungspunkt, im zweiten Fall der Kompromiß.

Da konnte der zornige Barth Emil Brunner nur sein "Nein!" entgegen schleudern - ohne Anknüpfungspunkt und ohne Kompromiß. [109]

Karl Barth nimmt die Frage nach dem Anspruch der Predigt zum Ausgangspunkt seiner Theologie. Nicht ein dem Menschen innewohnendes Gottesbewußtsein, eine natürliche

---

[104] H. Gollwitzer, Befreiung zur Solidarität; 1978. Kapitel X/XI; vgl. "Als gewaltlose Gruppe lebt die Gemeinde inmitten einer Gewaltgesellschaft, leidet Gewalt aber übt sie nicht..." S. 129

[105] H. Gollwitzer, Zum Problem der Gewalt in der christlichen Ethik ; in: Forderungen der Umkehr, S. 126ff

[106] G. Bornkamm, Jesus von Nazareth; Kaptel: Zur Geschichte der Auslegung der Bergpredigt;1956, 202ff

[107] H. Gollwitzer, in: Anm. 2 "Tertullian sagt: Man kann nicht gleichzeitig Kaiser und Christ sein." - S. 130

[108] Dieser Ausspruch wird Alfred Loisy (1857-1940) zugeschrieben.

[109] K. Barth, Nein!; vgl. Eberhard Busch, Karl Barths Lebenslauf;1975, S. 209

Offenbarung und Religion, sondern die dem Menschen gegenübertretende, Autorität beanspruchende Predigt, die an die Bibel gebunden ist, rückt er in den Mittelpunkt.
Hatte der Neuprotestantismus die Bibel mehr oder weniger von einer dem Menschen innewohnenden Religion her uminterpretiert, Barth will wieder hören, was sie eigentlich meint. "Religion" ist für Barth ihrem Wesen nach Verwechslung Gottes mit dem Menschen, nicht Erlösung, sondern im Gegenteil letzte Zuspitzung der menschlichen Problematik.
Mit dieser Definition von "Religion" traf Barth den Nerv der liberalen Theologie. Ihr Versuch der Identifizierung der dem Menschen innewohnenden Religion mit dem, was die Bibel unter Offenbarung versteht, wurde mit ihr als unmöglich abgetan und der qualitative Unterschied zwischen beiden festgestellt.
Damit vollzieht Barth eine gründliche Umkehrung: interpretierte die liberale Theologie die Bibel von der Religion her, so interpretiert er die Religion von der Bibel her.
Der Zweite, der wie kein anderer das theologische Denken dieses Jahrhunderts beeinflußte, war der Marburger Theologe Rudolf Bultmann, der von der neutestamentlichen Wissenschaft aus auf die Fragen der systematischen Theologie zuging.
Bultmann setzt ein bei der das bisherige Ergebnis der historisch - kritischen Forschung zusammenfassenden Feststellung, dass das Neue Testament ein geschichtlicher Text wie jeder andere sei.
Er unterscheidet zwischen zwei wissenschaftlichen Befragungsweisen geschichtlicher Texte: neben der historischen Befragung geht es ihm um eine Befragung geschichtlicher Texte nach den in ihnen zur Sprache kommenden "Möglichkeiten" menschlicher Existenz.
Dieser Einstieg in das Neue Testament als geschichtlichem Text, in dem die "Existenz des Menschen als durch Gott bestimmte" zur Sprache kommt, wird gleichzeitig auch zum Ausgangspunkt seiner Bestimmung der Theologie als wissenschaftlicher Rede von Gott.
Glaube ist, streng genommen, gar keine "Existenzmöglichkeit", sondern im Wortsinn "Existenz des Menschen als einer durch Gott bestimmten". "Glaube" im Sinn dieser "Bestimmtheit" ist Glaube "an Gott in der Offenbarung" und verweist auf ihn.
Mit der Nachzeichnung all dieser Gedanken sind wir schon sehr weit in die theologischen Studierstuben eingedrungen.
Nähern wir uns nun den handelnden Personen; sie sind wie wir aus Fleisch und Blut. [110]
Bultmann und Barth hatten ein Leben lang gestritten. Es fiel ihnen nicht leicht, sich zu verstehen. Ihr Schriftwechsel aus fast 5o Jahren liegt seit 1971 als Band 1 der Barthschen

[110] S. Eisermann, Walfisch oder Elefant - Eine Buchbesprechung. Erstveröffentlichung im südrheinischen Sonntagsblatt GLAUBE UND HEIMAT; Januar 1972

Gesamtausgabe vor. Ein Buch von theologie - und kirchengeschichtlicher Bedeutung. [111] Zwei Männer, die das evangelische Denken dieses Jahrhunderts entscheidend geprägt haben im Gespräch. Beide um Verständnis der Schrift, um gegenseitiges Verstehen, um Bejahung und Ablehnung leidenschaftlich bemüht.

Bald in freundschaftlicher Umarmung bei einem Glas Bier und gewärmtem Rotwein, beim Abhören von Mozartplatten und nächtlicher Diskussion - nur, wie sich später herausstellt viel, viel zu selten!- die dem Verstehen des anderen dient, bemüht. Bald in schärfster Frontstellung, die das Urteil der Irrlehre grollen aber nie donnernd über den Partner niedergehen lassen.

Kurzum: Wie Elefant und Walfisch verhalten sich beide zueinander, wie einer von ihnen, Karl Barth, schmunzelnd bemerkt: "Ist es Ihnen klar, wie wir dran sind, Sie und ich? Mir kommt es vor: Wie ein Walfisch und ein Elefant, die sich an irgendeinem ozeanischen Gestade in grenzenlosem Erstaunen begegneten. Vergeblich, dass der andere bald freundlich, bald drohend mit seinem Rüssel winkt." Karl Barth, so scheint's nach der Lektüre des Buches, vergleicht sich mit dem hochhinausschießenden Walfisch. Bultmann der freundlich, freundschaftlich - lockende, werbende Elefant. Aber eben: Elefant - so meint's Karl Barth.

Die Achtung vor der Denkweise des anderen, den man nicht so recht versteht - oder nicht verstehen kann, die immer freundliche Atmosphäre bei aller Schärfe der Auseinandersetzung, das alles ist so beachtenswert und liebenswürdig, dass wir uns diesen Umgangsstil in unseren Gemeinden wünschten. Eia, wär'n wir da! Und dabei ein stiller Humor! Kaum laut Deklamierendes, kein pathetischer Zungenschlag. Keine Rechthaberei. Da streiten sich die beiden in Schrift und Gegenschrift über eine Textstelle aus dem Römerbrief über "Christus und Adam" (Barth) und "Adam und Christus" (Bultmann). Sie wollen sich nicht verstehen. Nein - sie können sich nicht verstehen, der Weg ist je ein anderer. So denkt sich Barth dann den Ausgang des Streites: "Im Himmel, als dem obersten Stockwerk des mythologischen Weltbildes, suchen wir dann vielleicht - ich freilich erst nach einem längeren Abstecher bei Wolfgang Amadeus Mozart - den Apostel Paulus gemeinsam auf, um uns von ihm erklären zu lassen, wie er es endlich zu zuletzt selber gemeint habe."

Drei Frontstellungen werden in diesen bebrieften vier Jahrzehnten deutlich:

Die erste ist die gegen die sogenannte liberale Theologie. Da stoßen beide gemeinsam vor. Der eine kämpferisch - aktiv (Barth); der andere weniger radikal, mehr abwägend, urteilend, anknüpfend und fortsetzend bei aller Gegnerschaft.

Die zweite Frontstellung dann während der Zeit des "Dritten Reiches".

---

[111] Karl Barth/Rudolf Bultmann, Briefwechsel 1922-66; erschienen im Theologischen Verlag Zürich 1971.

Hier Seite an Seite gegen das Deutsche Christenunwesen. Seite an Seite allerdings als wirkliche Überraschung für Barth, der Bultmann auf der Gegenseite wähnte. Aber erstaunlich: Diese praktische Konsequenz, die Bultmann hier aus seiner Theologie zog, ist für Barth Anlaß, sich erneut mit Bultmanns Denkansatz auseinanderzusetzen. Anlaß, erneut zu versuchen, ihn zu verstehen.

Die dritte Front kommt ganz zum Schluß: Jene neuen theologischen Strömungen, die sich selbst als "Theologie jenseits von Barth und Bultmann" verstehen. Barth geht mit manch neuen Büchern nicht gerade freundlich um. Das weitgeachtete Buch eines englischen Bischofs nennt er schlichtweg "Plattfußtheologie". [112] die aus drei gefüllten Biergläsern jeweils den Schaum abschöpfen, um die so bewirkte Mischung als den endlich gefundenen theologischen Wundertrank auszugeben. Bultmann ist da freundlicher.

In der Tat läßt die in diesem Briefwechsel geführte Auseinandersetzung an vielen Stellen nachdenklich werden: Haben wir wirklich schon genug bei Bultmann und Barth gelernt? Haben wir sie wirklich verstanden, um jenseits von Bultmann und Barth neue Theologien zu entwickeln? Haben beide wirklich, so meinen wir Späteren oft, keinen Bezug zur Politik und zur sozialen Frage?

Haben wir den Unterschied, den selbst Karl Barth nicht so recht verstehen wollte, zwischen existenzieller und existentialer Schriftauslegung richtig bedacht?

Lohnt sich das Gespräch mit beiden "alten Herren" nicht mehr?

Nun - all das sind Fragen, die den Theologen betreffen.

Aber hier, in diesem glänzend zusammengestellten Briefwechsel hat jeder, der Interesse und ein klein wenig Mut und Geduld hat, den Theologiegrößen bei ihrer Arbeit auf die Finger zu schauen, die Möglichkeit, an die Hand genommen und in den theologischen Prozeß der Wahrheitsfindung ein Stück weit mitgenommen zu werden.

Auch hier gilt, dass, wo gehobelt wird, die Späne fallen. Gilt, dass der Prozeß der Wahrheitsfindung hart bis an die Grenze der Verletzlichkeit geführt wird.

Nicht die Feststellung, dass Streit in der Theologenstube üblich ist, kann uns schockieren; die Art, wie er ausgetragen wird, kann uns erfreuen und ermuntern.

In seinem letzten Brief veranschaulicht Barth nochmals sein Verhältnis zu Bultmann: "Ich sah dieser Tage eine mir bis jetzt unbekannte Darstellung: Oben im bewegten Reigen die Engel, in der Mitte Josef, Maria, das Kind, Ochs und Esel, und drei sich gegenseitig umarmende Menschenpaare, eines davon zwei richtig alte Herren, die sich freundlich anlachen. 'Friede auf Erden'! Halten wir es wie diese beiden!"

---

[112] J. A. T. Robinson, Honest to God – Gott ist anders; München 1965

Bei all den wechselnden Rinnsalen, Bächen und Flüssen, gibt es in unserem Berichtszeitraum einen großen Strom:

Vereinigungen. Zusammenschlüsse. Ökumene.

Staatlicherseits kamen und gingen die Herren dieser Welt – und mit ihnen die unterschiedlichsten Vereinigungssysteme:

Das Heilige, Römische Reich deutscher Nation zerfiel. Der Deutsche Bund kam. Dann, nach revolutionär - kriegerischem Zwischenspiel ein zweites Deutsches Reich. Schließlich ein erster demokratischer Versuch: Die Weimarer Republik. Hitler-Deutschland. Nachkriegsdeutschland in zwei Staaten, und als sich schließlich diese beiden deutschen Staaten nach der Annäherung durch den KSZE-Prozeß zum vereinten Deutschland wandelten [113], waren bereits die Grundmauern des vereinten Europa gelegt.

Wir schauten J. H. Wichern 1848 bei seinem Bemühen zu, aus den vielen selbständigen deutschen Kirchen einen Kirchenbund und mit ihm eine vereinigte Innere Mission für ganz Deutschland zu schaffen. Innerhalb der selbständigen deutschen Kirchen gab es Kirchenbünde; der größte, aber umstrittenste zugleich, weil durch die Monarchen als Notbischof staatlich verordnet, die Zwangsunion aller Protestanten in allen preußisch regierten Ländern.

Seit Mitte des letzten Jahrhunderts geschieht Epochales: Die Christen aus aller Herren Länder, aus den verschiedensten Konfessionen und Denominationen bewegen sich aufeinander zu. Wir beginnen zu begreifen, dass unser eigener Kirchturm nicht die ganze Kirche ist. Kirchen sind wir nur, trotz aller Verschiedenheit, im gemeinsamen Glauben, Hoffen und Lieben.

Da sehen wir den Zusammenschluß innerhalb des Ökumenischen Rates der Kirchen, der offiziell alle Christen umfaßt – mit Ausnahme der römisch-katholischen; diese sind eingeladen, in allen Arbeitsgemeinschaften und Konferenzen ihre Stimme einzutragen. Der Zusammenschluß des Ökumenischen Rates umgreift seit 1910, was vorher im Internationalen Missionsrat, in der Ökumenischen Bewegung für praktisches Christentum und im Rat für Glauben und Kirchenverfassung organisiert war.

Starke Impulse für das Zusammenleben aller Christen sind vom **Zweiten Vatikanischen Konzil** ausgegangen. Es hat sich gezeigt, dass die Großherzigkeit und der ökumenische Geist Johannes XXIII, auch viele Jahre, nachdem sich sein Leben vollendet hat, mehr wirkt als Beschlüsse aktueller Bischofskonferenzen.

---

[113] Mit dieser Formulierung sei an die Grundphilosophie der Brandtschen Ostpolitik "Wandel durch Annäherung" erinnert, die erstmals durch Egon Bahr in die Ostdenkschrift – 1966 - der EKiD eingebracht wurde.

Eine von Johannes Paul II nach seinem ersten Deutschlandbesuch eingesetzte Kommission hat begonnen, die Lehrstreitfragen des 16. Jahrhunderts aufzuarbeiten. Im Streit um die Rechtfertigungslehre gibt es einen ermutigenden Zwischenstand:
"Das in dieser Erklärung dargelegte Verständnis der Rechtfertigungslehre zeigt, dass zwischen Lutheranern und Katholiken ein Konsens in Grundwahrheiten der Rechtfertigungslehre besteht ... Die früheren gegenseitigen Lehrverurteilungen treffen nicht mehr .... Die beiden Dialogpartner verpflichten sich, das Studium der biblischen Grundlagen der Lehre der Rechtfertigung fortzuführen ... Lutheraner und Katholiken werden ihre Bemühungen ökumenisch fortsetzen, um in ihrem gemeinsamen Zeugnis die Rechtfertigungslehre in einer für die Menschen unserer Zeit relevanten Sprache auszulegen, unter Berücksichtigung der individuellen und der sozialen Anliegen unserer Zeit." [114]
Trennender sind nach wie vor alle Fragen, die mit dem Amtsverständnis zusammenhängen, so die im Vatikanum I 1869/70 beschlossenen Dogmen, allem voran das der Unfehlbarkeit des Papstes in Fragen des Glaubens und der Lehre und das des Universalepiskopates, wie das durch Pius XII 1954 in Ausübung seines Lehramtes verkündete Dogma von der Himmelfahrt Mariens. Diese Festlegungen haben kirchentrennende Nachwirkungen, wie die im protestantischen Bereich eingeführte Frauenordination.
Diese vor allem im unterschiedlichen Amtsverständnis wurzelnden Fragen verwehren nach wie vor den Konfessionen die Interkommunion. Ausgerechnet dort, wo die Gemeinde die Einheit mit ihrem erhöhten Herrn dankbar feiert, wird nach wie vor die Zerrissenheit am deutlichsten erlebt.
Dennoch gilt festzuhalten, dass in unserem Jahrhundert vor allen Dingen die Gemeinden vor Ort - den konfessionellen Unterschieden zum Trotz - ihre Gemeinsamkeiten entdeckten, dass wir aufgehört haben, das uns Trennende ständig zu betonen, und dass wir längst begonnen haben, gemeinsam für andere - angefangen von der Spontanhilfe bis hin zur Verantwortung für Gerechtigkeit, Frieden und Bewahrung der Schöpfung - dazusein .
Wir begreifen, dass wir als Christen trotz unterschiedlichster Geschichte, trotz unterschiedlichster Frömmigkeitsstile und liturgisch - kultischer Gepflogenheiten, miteinander leben und auch gemeinsam unseren Glauben bezeugen können. In der Andersartigkeit des anderen wollen wir nicht in erster Linie das uns Befremdliche sehen, sondern das, was wir noch nicht erkannt haben, und damit das, was uns reicher macht. Wir begreifen, dass uns unser Schöpfer diese eine Welt gemeinsam anvertraut hat, damit wir alle gemeinsam in ihr leben, sie gemeinsam zu bebauen und zu bewahren haben.

[114] Zitiert nach Neuendettelsauer Korrespondenzblatt 1999, S. 121f

Johann Hinrich Wichern [115] (*1808 +1881)

Die Liebe gehört mir wie der Glaube

Prof. Theodor Heuss, der erste Präsident der Bundesrepublik Deutschland nannte ihn die "größte Persönlichkeit des 19. Jahrhunderts".
Tatsächlich, Johann Hinrich Wichern (1808 - 1881) ist der erste, der nicht nur die revolutionär-sozialen Bewegungen des letzten Jahrhunderts kritisiert, sondern der auf die sozialen Missstände, hervorgerufen durch die "Industrielle Revolution" analysierend hingewiesen und auf sie mit einem einheitlichen Konzept geantwortet hat.
Allerdings: Sein Konzept hatte ausschließlich reaktionäre Züge. Ihm ging es darum, "die Staatsbürger wieder mit christlichem Geist zu erfüllen" ... damit "Familie, Staat und Kirche" als die "Ineinanderwirkenden göttlichen Stiftungen" nicht dem Umsturz durch die Arbeitsbewegung preisgegeben werden. Damit ist deutlich: "Erziehung zum christlichen Geist" heißt für ihn immer auch, die Rettung der Einheit von protestantisch - christlichem Glauben und preußischem Thron. Die von ihm auf dem Wittenberger Kirchentag 1848 proklamierte und begründete Innere Mission verstand er als Kampfbewegung gegen die Arbeiterbewegung, die dann später dieser Zielsetzung entsprechend auch -1875- in "Verein zur Bekämpfung der Sozialdemokratie" [116] umbenannt wurde.
Trotz dieser einseitigen Sichtweise lohnt sich, das Wichernsche Wirken und das Konzept einer "Inneren Mission", die er als "Bezeugung des Evangeliums durch die rettende Tat" [117] verstand, zur Kenntnis zu nehmen.

Wir schreiben das Jahr 1848:
Der Deutsche Bund zerfällt. Überall in Europa brodelt es. Das Bürgertum strebt nach Demokratie. Die Monarchen widerstanden - mit Erfolg.
Die soziale Frage zerreißt die Gesellschaft. Massenarbeitslosigkeit. Gesellschaftliche Stützen, wie die Zünfte, zerbrechen. Keinerlei Sicherheit in Krankheitszeiten, bei Invalidität und im Alter.
Die evangelische Kirche gibt es nicht. Es gibt einzelne landesherrliche Kirchenregimente mit dem jeweiligen Fürsten als höchsten Bischof. Die Verwaltung der Kirchen liegt in staatlichen Händen.

---

[115] dargestellt nach: E. Beyreuter, a.a.O. S.88-125; G. Brakelmann, a.a.O. S.119-150; R. Grunow, Wichern-Ruf und Antwort; Rufer-Verlag 1958
[116] B. Beuys, a.a.O. S. 481
[117] G. Brakelmann weist auf diese durch Wichern 1844 getroffene Formulierung hin: Soziale Frage des 19. Jahrhunderts; Witten 1964 - erweitere Ausgabe - "Die soziale Frage des 19.Jahrhunderts", S.120

Revolutionäre Stimmung. Kirchenfeindlich zumal. Wen wundert es. Die Kirche trägt schwer an ihrem landesherrlichen Kirchenregiment. Jeder Angriff von irgendeiner Seite auf den bestehenden Staat und die bestehende Gesellschaft wird als Angriff auf sie selber empfunden. [118] In der Kirche selbst wird der revolutionäre Wandel als teuflischen Abfall vom Glauben bekämpft. Ergebnis: Weithin Verzicht auf kirchliche Amtshandlungen. Massenaustritte. Die Kirche verliert einen großen Teil aus der arbeitenden Bevölkerung.

Die Deutsche Evangelische Kirchenkonferenz reagiert. Sie beruft eine "freie, vorläufige Versammlung von Gliedern der evangelischen Kirche Deutschlands geistlichen und nichtgeistlichen Standes" in Luthers Stadt Wittenberg ein. Ziel war es, über Gemeinschaftsaufgaben zu sprechen und einen Kirchenbund zu gründen. [119]

Zu denen, die sich einladen ließen, gehörte der Hamburger Theologe Johann Hinrich Wichern, der über die Tore Hamburgs durch die Gründung der Rettungsanstalt "Rauhes Haus" (1833) und durch die Herausgabe seiner "Fliegenden Blätter" bekannt war. Allerdings stellt er eine Bedingung, dass auf diesem Kirchentag "... als große Kirchenfrage mit vorangestellt werde, die kirchliche Praxis, der Satz, dass die Kirche als Kirche in Beziehung auf die Praxis eine große Schuld zu tilgen und ein Neues zu beginnen habe ..." [120]

Halten wir das fest: Nicht um eine dogmatische Ergänzung im Kapitel "Ekklesiologie" ging es Wichern, wenn er in seiner Wittenberger 'Stehgreifrede' forderte, dass die Kirche bekennen solle: "Die Liebe gehört mir wie der Glaube. "

Wicherns Ansatz ist die diakonische Praxis. Hier sieht er, welch verheerende Folgen für die Kirche das Selbstverständis hat, dass es in ihr - der Kirche - nur um den Glauben, nicht aber in gleicher Weise auch um die Liebe geht.

Wichern geht davon aus, dass Gott die von ihm geliebten Menschen nicht nur durch das gesprochene, auf Glauben zielende Wort erreicht, sondern auch durch konkrete Taten rettender Liebe. Deshalb spricht er von "Inneren Mission" und definiert sie als "Zeugnis des Glaubens durch die Tat rettender Liebe!" [121] Für ihn ist die pietistische Rechenaufgabe: Soziale Arbeit plus evangelistische Ansprache = Innere Mission grundverkehrt. Die Tat rettender Liebe ist für Wichern Zeugnis des Glaubens; denn der "Täter" ist kein anderer als Gott selbst. "Wichern versteht Diakonie nicht einfach als ein gutes Werk aus dem

---

[118] Brackelmann, Die soziale Frage...S. 111
[119] D. Sattler, Unerledigte Vergangenheit; in diakonie 2/1998 - S.74
[120] H. G. Schütz, Wicherns Kritik an der Kirche und kirchlichen Gruppierungen, in: Gesellschaft als Wirkungsfeld der Diakonie; Hrsg. T. Schober, Stuttgart 1981
[121] Brackelmann, Die soziale Frage....a.a.O. S. 120 -Definition von 1840

Glauben. Sie ist Gottes Werk und deshalb nicht Folge, sondern Gestalt des Evangeliums."[122]

Im O -Ton Wichern hört sich das so an: "Die rettende Liebe muß ihr" der Kirche "das große Werkzeug, womit sie die Tatsache des Glaubens erweist werden. Diese Liebe muß in der Kirche als helle Gottesfackel flammen, die kundmacht, dass Christus eine Gestalt in seinem Volke gewonnen hat. Wie der ganze Christus im lebendigen Gottesworte sich offenbart, so muß er auch in den Gottestaten sich predigen, und die höchste, reinste, kirchlichste dieser Taten, ist die rettende Liebe"; - die Diakonie eben. "Wird in diesem Sinne das Wort der inneren Mission aufgenommen, so bricht in unserer Kirche jener Tag ihrer neuen Zukunft an ..." [123]

Und dann ruft Wichern die Kirche zur Buße auf. Eine von Jahrhundert zu Jahrhundert vererbte Schuld der Kirche sei, dass sie in ihrer Gesamtheit nicht erkannt und bekannt hat, dass die Liebe, die Diakonie zu ihr gehört wie der Glaube!

Hundert Jahre später wird eine ökumenische Missionstheologie entwickelt, die diese Gedanken Wicherns aufgreift und entfaltet. In ihr wird von der "umfassenden Annäherung" gesprochen. Genau darum geht es dem "inneren Missionar" Johann Hinrich Wichern. Er kann sagen: "Wenn die Leute nicht mehr in die Kirche gehen, geht die Kirche zu ihnen." Wichern zeigt auf, wie durch die vielfältigen Taten rettender Liebe, Gott schon längst bei seinem Volk ist. Nicht nur das Wort predigt Christus, in den Taten rettender Liebe ist er auch präsent. Darum sieht Wichern es als Schuld an, wenn die Kirche immer nur Predigt und Glaube als ihre Sache ausgibt, darum schreibt er der Kirche ins Stammbuch: Die Liebe gehört ihr, der Kirche wie der Glaube. In der Liebe, im diakonischen Geschehen gewinnt Christus mitten unter seinem Volk Gestalt. In seinem Wort wie in der Liebe nähert sich Christus umfassend und konkret. Wenn schon "der geringste Wurm" den Schöpfer preist, um wieviel mehr die "höchste, reinste, kirchlichste" aller Gottestaten, die rettende Liebe, die Diakonie.

So ist die Diakonie für Wichern nicht nur "Zeugnis des Glaubens durch die Tat rettender Liebe", die "Taten rettender Liebe" werden von ihm zugleich auch als Rettung der Kirche gesehen.

Was hier in Wittenberg 1848 begann, war die Geschichte der Diakonie als kirchliches Werk.

---

[122] D. Sattler, a.a.O. S. 80

[123] J. H. Wichern, Ausgewählte Schriften Band 1; GTB 431 1979; S. 123

Was war Diakonie bis dahin? Selbstverständliche Christenpflicht. Oder das gemeinsame Werk von christlichen Schwesternschaften und Bruderschaften, von Orden und Klöstern, von freien Vereinen und Kooperativen.
Wie gesagt: Diakonie gab es schon. Aber die Kirche sagte noch nicht: "Die Liebe gehört mir wie der Glaube!" Diakonie war Glaubensfrucht einzelner Christen; nun sollte sie auch Wesensäußerung der Kirche werden.
Dass es der Kirche um den Glaube geht, war sonnenklar, war hundertfältig gezeugt, in biblischen Worten niedergelegt und in den Bekenntisschriften der Kirche bekräftigt.
Etwa so: *"Kirche ist da, wo das Wort Gottes lauter und rein verkündigt und die Sakramente gemäß dem Evangelium gereicht werden."* [124]
Wichern fand: Richtig! - aber noch nicht alles. Dort wo das "das Wort Gottes lauter und rein verkündigt wird", wird - wann und wo Gott es will - Glaube wachsen. Und dort wo Glaube wächst, wird er in der Liebe, in der Diakonie tätig sein. Kein anderer als Jesus weist darauf hin, dass der Glaube "an den Früchten erkannt wird", und dass die Frucht des Glaubens die Liebe sei. Auch Paulus, der Apostel, formuliert, dass der Glaube in der Liebe tätig sei und sie, die Liebe "höret nimmer auf", weil wir in ihr, der Liebe, schon die Erfahrung des Ewigen mitten unter uns haben. Darum soll Kirche nicht nur sagen: Predigt, Sakrament und Glaube ist unser Ding sondern "die Liebe gehört mir wie der Glaube". So wie der Glaube ist auch die Diakonie Wesensäußerung der Kirche.

Es gilt festzuhalten, dass Wichern seine Kirche flehentlich daran erinnerte, dass "die Liebe zu ihr gehört wie der Glaube." [125] Für Wichern ist es um der Kirche willen nicht länger hinnehmbar, dass Frauen und Männer oder auch Gruppen aus der Kirche sich um diakonische Aufgaben kümmerten, die Kirche als Ganzes aber dieses Anliegen nicht aufnahm. Für Wichern ist Kirche nur dann glaubwürdig, wenn sie nicht nur Sachwalter des Glaubens sondern in gleicher Weise auch Sachwalter der Liebe ist.
Darüber hinaus wird Wichern als Initiator und Gründer der beiden freien diakonischen Werke "Rauhes Haus" (1833) in Hamburg und "Johannesstift" (1858) in Berlin in Erinnerung bleiben. Beide Einrichtungen begannen mit der Jugendhilfe. Wichern, dem es auch um die Erneuerung der Familien geht, konzipiert Kleinstheime mit einer überschaubaren Familienstruktur. Erzieher, die er aus Handwerkergesellen für die Aufgabe der Erziehung auswählt und unterrichtet, sind nicht Vorgesetzte sondern "ältere Brüder" der zu Betreuenden. Im Jugendhilfehaus soll christliche Freiheit erfahren werden. Nicht Gebot und Gehorsam bestimmten den Alltag sondern der immer wieder gewährte Vorschuss an Ver-

[124] CA VII
[125] zitiert nach G. Brakelmann, a.a.O. S. 121

trauen. Hinzu kommt, dass Wichern auf eine reiche Fest - und Feierkultur in den Häusern großen Wert legte.

Letztlich sollten wir **das diakonische Gesamtkonzept Wicherns** würdigen:
Diakonie geschieht, so in einem "Gutachten, die Diakonie und den Diakonat betreffend" vom 10.07.1856 [126] dargestellt, als freie, bürgerliche und kirchliche Diakonie.

Die freie Diakonie ist die "freiwillige und private Erweisung der Barmherzigkeit" von Mensch zu Mensch, in Familie, Nachbarschaft und Freundschaft und in der Gemeinde. Zu ihr ist jeder Christ berufen und ermächtigt.
Zur "freien Diakonie" zählen auch die Diakonieeinrichtungen in freier Rechtsträgerschaft, sowie die Brüder - und Schwesternschaften und die Besuchs - und Krankenpflegevereine.

Bürgerliche Diakonie im Sprachgebrauch Wicherns ist staatliches Handeln im sozialen Bereich. Überraschend, dass Wichern auch dieses staatliche Handeln "Diakonie" nennen kann. Voraussetzung ist allerdings die christliche Durchwirkung des Staates und schließlich kommt es nach Wichern "zur Erreichung des Zweckes ... vor allem auf lebendige Menschen an. Nichts ist erreichbar ohne die rechten, christlichen Persönlichkeiten ..."
So wartete Wichern - wie vor ihm Luther - darauf, "dass der Herrgott Christen macht."
In seinem Versuch das Berliner Gefängniswesen im Auftrag des preußischen Innenministeriums zu reformieren, scheiterte er. Die lebendigen, rechten, christlichen Persönlichkeiten waren nicht vorhanden!

Im Gegensatz zur freien und zur bürgerlich - staatlichen Diakonie, hat **kirchliche Diakonie** die "Hausarmen" zur Aufgabe. Damit ist die Pflege der Armen in ihren Häusern, der Bereich der ambulanten Arbeit also, gemeint. Ihr sind spezielle, gemeindebezogene Aufgaben - z. B. die der Gemeinde - Krankenpflege - zugewiesen. Für die Wahrnahme dieser Aufgaben fordert Wichern die landeskirchliche Ausbildung von Diakonen und die landeskirchliche Errichtung von Diakonenstellen. Wichern kann hier fordern: "... Will die Kirche Diakonie betreiben ..., dann bedarf sie eines Amtes. Ohne Amt keine kirchliche Diakonie." [127]

Die **Träger des Diakonenamtes** - so forderte es Wichern - sollten durch die Kirche in landeskirchlichen Diakonenanstalten ausgebildet und dort auf die Übernahme des Diakonenamtes vorbereitet werden.

---

[126] J. H. Wichern, Augewählte Schriften Bd. 1, GTB 431, S. 133-204.
[127] Darstellung nach einem Exzerpt von G. Müssig, in diakon 1/1990, S. 4 ff "Wichern und das Diakonenamt."

Neben dieser Forderung Wicherns zur "kirchlichen Diakonie" gab es seine Tat im Bereich der "freien Diakonie": Im Rauhen Haus bildete er Handwerksgesellen zu Brüdern aus, die in Familiengruppen des Rauhen Hauses als "Brüder - Erzieher" mit den Geschwistern lebten. Im Brüderhaus wurden sie ausgebildet, begleitet und lebten hier als diakonische Genossenschaft das Ordenswesen im Geist evangelischer Freiheit.

Bis zur Gründung von landeskirchlichen Diakonenanstalten und der kirchlichen Einsetzung des Diakonenamtes konnte sich Wichern durchaus vorstellen, dass ...

1. Brüderhäuser dort, wo "noch keine eigentlichen Diakone arbeiten", vorübergehend Stellvertretung wahrnehmen.
2. Solange Diakonenschulen zur Ausbildung geeignete Amtsträger fehlen, könnten Brüderhäuser vorübergehend die Aufgabe der Ausbildung übernehmen.
3. Die Brüderhäuser bildeten aber in der Regel nicht nur im Blick auf das Arbeitsfeld Diakone aus, sondern im Blick auf gemeindliche Dienste überhaupt.
4. Schließlich übernahmen die Vorsteher der Brüderhäuser auf Wunsch der Brüder die Bezeichnung Diakon für die Brüder.
5. Was Wichern theologisch und sachlich getrennt gesehen hatte, wurde nun auch gesetzlich miteinander verbunden: Die Brüderschaft wurde zum Träger des Diakonates. Die Brüderhäuser übernahmen die Ausbildung der Diakone. Die Brüder nannten sich Diakon. Das Brüderhaus nannte sich Diakonenanstalt. [128]
6. Somit ist der Titel "Diakon" zur Bezeichnung eines undifferenzierten kirchlich-diakonischen Berufes geworden, zu dem im Regelfall von sogenannten freien kirchlichen Werken unter Aufsicht der Landeskirchen ausgebildet wird.
7. Es kam nicht zur - von Wichern geforderten - Erneuerung des Diakonats durch die Kirche: Wir haben, wie Paul Philippi zutreffend formuliert: "das sogenannte Diakonenamt". [129]

[128] P. Philippi, Das sogenannte Diakonenamt; S. 15.
[129] P. Philippi.

Dietrich Bonhoeffer (*2006 +1945)

Wer war Dietrich Bonhoeffer?

Die einen nennen ihn einen Märtyrer, einen christlichen Blutzeugen.

Für andere ist er "bloß" ein politischer Widerstandskämpfer.

Dritte halten fest, dass er Mitbegründer der Bekennenden Kirche war und Direktor des illegalen Predigerseminars dieser Kirche. Sie wissen, dass Bonhoeffer in dieser Rolle nicht nur praktische Theologie *lehrte* um so Theologen auf das Pfarramt vorzubereiten, sondern dass er zugleich zu einem intensiven gemeinsamen, geistlichen Leben *vorbildhaft anleitete.*

Wiederum andere verweisen auf sein umfangreiches theologisches Werk, hier besonders auf die Gefangenschaftstexte, die nach dem zweiten Weltkrieg im Sammelband "Widerstand und Ergebung" herausgegeben wurden. Hier begegnet uns Bonhoeffer nicht nur als Spiritual, als geistlicher Schriftsteller wie in seinen Büchern "Gemeinsames Leben" und "Nachfolge", sondern zugleich als einer, der einen radikalen und weil radikal einen umstrittenen theologischen Neuanfang für "mündige Christen" in einer "mündig gewordenen Welt" wagte: In diese Überlegungen schloss er selbst die "religionslose Interpretation theologischer Begriffe" mit ein. Aus dieser Phase seines Wirkens ist eine Fülle einprägsamer Formeln zu nennen, die mit Bonhoeffer verbunden bleiben und die die theologische Neuorientierung nach dem 2. Weltkrieg entscheidend mitbestimmte:

"Kirche ist Kirche für andere", Christsein vollzieht sich im "Beten und Tun des Gerechten", "Christus als Gemeinde existierend" und Nachfolge Jesu gestaltet sich im "weltlichen Gehorsam".

Wer war Dietrich Bonhoeffer?

In seiner Tegeler Zelle stellt er sich selbst diese Frage. Diese Antwort gibt er:

Wer bin ich?

Wer bin ich? Sie sagen mir oft,
ich träte aus meiner Zelle
gelassen und heiter und fest
wie ein Gutsherr aus seinem Schloss.
Wer bin ich? Sie sagen mir oft,
ich spräche mit meinen Bewachern
frei und freundlich und klar,
als hätte ich zu gebieten.

Wer bin ich? Sie sagen mir auch,
ich trüge die Tage des Unglücks
gleichmütig, lächelnd und stolz,
wie einer, der Siegen gewohnt ist.
Bin ich das wirklich, was andere von mir sagen?
Oder bin ich nur das, was ich selbst von mir weiß?
Unruhig, sehnsüchtig, krank, wie ein Vogel im Käfig,
ringend nach Lebensatem, als würge mir einer die Kehle,
hungernd nach Farben, nach Blumen, nach Vogelstimmen,
dürstend nach guten Worten, nach menschlicher Nähe,
zitternd vor Zorn über Willkür und kleinlichste Kränkung,
umgetrieben vom Warten auf große Dinge,
ohnmächtig bangend um Freunde in endloser Ferne,
müde und leer zum Beten, zum Denken und Schaffen,
matt und bereit, von allem Abschied zu nehmen?
Wer bin ich?
Der oder jener?
Bin ich denn heute dieser und morgen ein anderer?
Bin ich beides zugleich?
Vor Menschen ein Heuchler
und vor mir selbst ein verächtlich wehleidiger Schwächling?
Oder gleich, was in mir noch ist, dem geschlagenen Heer,
das in Unordnung weicht vor schon gewonnenem Sieg?
Wer bin ich?
Einsames Fragen treibt mit mir Spott.
Wer bin ich, Du kennst mich, Dein bin ich, oh Gott! [130]

Dieser Text ist für mich Schlüsseltext, wenn ich mich daran mache, das Leben Bonhoeffers zu betrachten, wenn ich mich bemühe, seine Entscheidungen nachzuvollziehen und wenn ich dabei bin, sein für die kurze Lebenszeit doch sehr umfangreiches theologisch-geistliches Werk nachzudenken.
Sein Selbstzeugnis beantwortet die Frage "Wer bin ich?" mit dem Bekenntnis des Glaubens: *"Du kennst mich, Dein bin ich, oh Gott!"*

---

[130] WE - Widerstand und Ergebung, 382 f; Dietrich Bonhoeffer, Lesebuch; Kaiser München 1985, S. 147;

Ich gehe davon aus, dass sein Leben und sein theologisches Werk einschließlich seiner politischen Widerstandsarbeit nur verstanden werden kann, wenn wir in ihm den ***spirituellen Nachfolger*** sehen. Mein Anliegen ist, dies aufzuzeigen:

Herkunft und Weg

Der Weg Bonhoeffers ist zunächst entscheidend durch seine ***großbürgerliche Herkunft*** geprägt:
Sein Vater Karl Bonhoeffer ist neben dem Wiener Psychiater Sigmund Freud, die einflussreichste Persönlichkeit im Fachgebiet Psychologie und Neurologie seiner Zeit. Seine Großmutter ist die Gräfin von Kalkreuth, seine Mutter eine geborene von Hase, sein Schwager wird Hans von Donhanyi und sein angehender Schwager Klaus von Bismarck sein.
Ein Nachfahre von Hase wird später Regierungssprecher der ersten großen Koalition Kiesinger–Brandt, dann Botschafter in England und schließlich Intendant des ZDF.
Der Schwager Hans von Donanhyi wurde persönlicher Sekretär des Reichsjustizministers Franz Grütner. Er hatte Zugang zum Kabinett und zu den geheimsten Dokumenten. Die Kenntnisse, Einblicke und Erfahrungen dieses Politikers werden später entscheidend den Weg des Widerstandskämpfers Dietrich Bonhoeffer prägen.
Bonhoeffers Neffe Klaus von Donhanyi ist fast allen politisch Interessierten bekannt: Er war mehrfach Minister im Kabinett Brandt und Schmidt, dann Hamburger Bürgermeister.
Klaus von Bismarck war Leiter des Sozialamtes der evangelischen Kirche von Westfalen, dann Intendant des WDR.
Und Elfi von Kalkreuth ist vielen noch als beliebte Sprecherin des ZDF bekannt; sie ist heute als Freifrau Elftraut von Kalkreuth die Präsidentin der deutschen Hospizstiftung.
Diese großbürgerliche Herkunft Bonhoeffers war insoweit prägend, als bereits der heranswachsende Dietrich in seinem Elternhaus Begegnungen mit den Geistesgrößen aller Disziplinen hatte. Dietrich Bonhoeffer war dabei, wenn sich regelmäßig einflussreiche Persönlichkeiten Berlins aus Wissenschaft und Politik im Wohnzimmer seiner Eltern zum akademischen Zirkel trafen.
Als Theologe aus der bonhoefferschen Ahnenreihe ist der Großvater mütterlicherseits .... zu nennen. Er war sogar, bis er sich mit dem Kaiser überwarf, Oberhofprediger. [131]

---

[131] darauf weist F. Schlingensiepen in seiner 2005 erschienenen Bonhoeffer-Biogarafie hin. In früheren Biografien wird behauptet, dass Dietrich der erste Theologe in der Bonhoeffer-Familie war

Die Eltern bejahten und förderten Dietrichs Entscheidung zum Theologiestudium. Sie sorgten mit finanzieller Unterstützung dafür, dass das Studium nicht nur in Tübingen und Berlin, sondern zur "Horizonterweiterung" auch in Rom absolviert werden konnte. Zielstrebig geht Dietrich seinen Weg: Bereits als 21-jähriger promoviert er zum Dr. der Theologie. Nachdem der 22-jährige das 1. theologische Examen abgelegt hatte, absolviert er in der deutschsprachigen Auslandsgemeinde in Barcelona sein Vikariat.

Und dann kommt **das überreiche Jahr 1930**:

Der 24-jährige beendet sein Studium mit dem 2. theologischen Examen. Folgerichtig wird seine erste Anstellung, die eines Assistenten an der Berliner theologischen Fakultät. Auch diese berufliche Tätigkeit wird durch einen Studienaufenthalt in New York zur "Horizonterweiterung" angereichert. Als ob Assistententätigkeit und Auslandserfahrungen nach Beendigung des Studiums nicht ausreichten, beginnt und vollendet Bonhoeffer als 24-jähriger in diesem dichten Jahr 1930 seine Habilitation; nun hat er die Befähigung zum Privat-Dozenten und kann zum Professor berufen werden.

Nachdem am 10. Juni 1930 in Heidelberg Adolf von Harnack, der wohl bedeutendsten Kopf der liberalen Theologie starb, wurde Bonhoeffer durch die theologische Fakultät in Berlin beauftragt, die akademische Gedenkrede auf diesen großen Theologen zu halten.

Von 1931 bis 33 lehrt er nun als Privatdozent an der Berliner Universität und ist zugleich Studentenpfarrer an der Berliner Technischen Hochschule. In dieser Zeit kommt es auch in Bonn zu einer ersten Begegnung mit Karl Barth, dem Begründer und führendem Kopf der Dialektischen Theologie.

Der theologische Wissenschaftler

Nur wenige Jahre war Bonhoeffer theologisch - wissenschaftlich tätig. Und diese Jahre waren wesentlich durch sein Studium oder durch seine Assistententätigkeit geprägt. Es gab kein Jahr, in dem er sich ausschließlich dem "theologisch - wissenschaftlichem Geschäft" widmen konnte. Und dennoch hat er uns drei große theologische Schriften hinterlassen: Seine Dissertation "Communio sanctorum", eine soziologische Untersuchung der Kirche, hat bleibende Bedeutung, weil in ihr erstmals Kirche als soziologisches Phänomen ernst genommen und beschrieben wird. Und dann seine Habilitationsschriften "Schöpfung und Fall" und "Akt und Sein". Die späteren Schriften sind aus der praktischen Gemeinde- bzw. Predigerseminarsarbeit erwachsen: Die "Nachfolge", "Gemeinsames Leben" und "Das Gebetbuch der Bibel" – eine Exegese und Meditation des Psalters und schließlich der Sammelband aus der Gefangenschaft "Widerstand und Ergebung". Die unter dem Namen Bonhoeffer nach 1945 herausgegebene "Ethik" ist die Ethik nicht, die Bonhoeffer schreiben wollte. Das "Ethik" genannte Buch enthält gesammelte Texte zur Ethik aus seiner Vikariats -, Gemeindearbeits -, Vorlesungs - und Predigerseminarsarbeit mit bereits veröffentlichten Texten aus Widerstand und Ergebung.

Christliche Existenz

Bonhoeffer litt Zeit seines Lebens unter der Wirkungslosigkeit der Kirche. Er spürte sehr schnell, dass weder durch korrekte theologische Arbeit noch durch vielfältigen Aktionismus, Aufmerksamkeit und Wirkung erzielt werden kann. So suchte er nach glaubwürdigen Beispielen christlicher Existenz. Die Frage, wie Nachfolge gestaltet werden soll, beschäftigte ihn bis in die letzten Lebenstage hinein. Er blickte er nach Indien; Gandhi und seine Ashram - Bewegung wurden ihm zum Vorbild.
Schließlich kam es für ihn zum Durchbruch, zur *"Wendung vom Theologen zum Christen".* So überschrieb Eberhard Bethge, der Schüler, der ihm später zum Freund und angeheiratetem Neffen werden sollte und der dann nach dem gewaltsamen Tod sein Nachlassverwalter und Biograf wurde, dieses Lebensereignis.
Bethge schildert:
Wer Bonhoeffer seit 1931 begegnete, den beeindruckte die Weite des Wissens, die konzentrierte Arbeitsenergie, die analytische und kritische Denkkraft, den überraschte aber auch ein zusammenhaltendes persönliches Engagement, welches in lauter praktischen Verhaltensweisen sichtbar wurde. Er sah Resultate einer Wandlung. Nicht aber die Wandlung selbst. Nur wer ihn von früher gut kannte, dem fielen Veränderungen auf – wie z.B. Paul Lehmann, als dieser Bonhoeffer 1933 in Berlin wieder begegnete. (86) Für die Studenten schien es immer so gewesen sein: Bonhoeffer ging jetzt regelmäßig zur Kirche, während Lehmann in New York gerade aufgefallen war, wie frei er es damit hielt. Er unterzog sich einem vom exegetisch - homiletischen Gebrauch der Schrift deutlich unterschiedenen meditativen Umgang mit der Bibel. Auf den Freizeiten des Jahres 1932 wunderten sich seine Studenten sehr über diese ungewohnte Übung und ließen es an ironischen Bemerkungen darüber nicht fehlen. Er sprach von der Beichte nicht mehr nur theologisch, sondern als von einem Akt, der auch tatsächlich zu vollziehen sei. Das kannte man im eigenen kirchlichen und akademischen Umkreis nicht.
Immer häufiger spielte er auf ein gemeinschaftliches Leben in Gehorsam und Gebet an, durch welches das individualistisch isolierte und priviligierte Pfarramt vielleicht eine Erneuerung seiner Glaubwürdigkeit erfahren könnte; und so etwas nun nicht entgegen reformatorischer Theologie, sondern aus ihr begründete. Mehr und mehr zog Bonhoeffer die

Bergpredigt heran und zwar als ein Wort, das gesagt sei, nicht um es als Spiegel zu benutzen, sondern es zu tun...
Während des Studiums hatte Bonhoeffer 1925 mit der Entdeckung von Barth eine erste entscheidende Vertiefung erfahren: er erblickte und ergriff das unableitbare Selbstbewusstsein seiner theologischen Existenz. Das verlieh ihm einen mächtigen Anstoß für die Arbeit und das Pfarramt...
Was jetzt vor sich ging ... steht in einem Brief Anfang 1936 an eine Bekannte, der er eine Zeitlang besonders nahe stand; dort aber in einem biographisch zusammenraffenden Rückblick:
Ich stürzte mich in die Arbeit in sehr unchristlicher Weise. Ein ... Ehrgeiz, den manche an mir gemerkt haben, machte mir das Leben schwer ...
Dann kam etwas anderes, was mein Leben bis heute verändert und herumgeworfen hat. Ich kam zum ersten Mal zur Bibel ... Ich hatte schon oft gepredigt, ich hatte schon viel von der Kirche gesehen, darüber geredet und gepredigt – und ich war noch kein Christ geworden ...
Ich weiß, ich habe damals aus der Sache Jesu Christi einen Vorteil für mich selbst ... gemacht. Ich bitte Gott, dass das nie wieder so kommt. Ich hatte auch nie, oder doch sehr wenig gebetet. Ich war bei aller Verlassenheit ganz froh an mir selbst. Daraus hat mich die Bibel befreit und insbesondere die Bergpredigt. Seitdem ist alles anders geworden. Das habe ich deutlich gespürt und sogar andere Menschen um mich herum. Das war eine große Befreiung.
Da wurde es mir klar, dass das Leben eines Dieners Jesu Christi der Kirche gehören muss und Schritt für Schritt wurde es deutlicher, wie weit das so sein muss.
Dann kam die Not von 1933. Das hat mich bestärkt. Ich fand nun auch Menschen, die dieses Ziel mit mir ins Auge fassten.
Es lag mir nun alles an der Erneuerung der Kirche und des Pfarrerstandes ...
Vor mir steht der Beruf. Was Gott daraus machen will, weiß ich nicht. Der Weg muss durchgegangen werden. Vielleicht dauert es gar nicht mehr so lang. Manchmal wünschen wir es wohl so (Phil. 1,23). Aber es ist doch schön, diesen Beruf zu haben....
Ich glaube, die Herrlichkeit dieses Berufes wird und erst in kommenden Zeiten und Ereignissen aufgehen. Wenn wir doch durchhalten könnten!" (89) [132]
Zurückhaltender, aber doch eigentlich die ganze Wahrheit enthüllend, sagte er es seinem Bruder Karl-Friedrich im **Januar 1935:**

[132] aus Eberhard Bethge, Dietrich Bonhoeffer – Eine Biographie; Kaiser-München 1967; aus Finkenwalde, 27.1.36

"Es mag ja sein, dass ich in manchen Dinge etwas fanatisch und verrückt erscheine. Und ich habe selbst manchmal Angst davor. Aber ich weiß, wenn ich 'vernünftiger' wäre, so müsste ich am nächsten Tag ehrlicherweise meine ganze Theologie an den Nagel hängen. Als ich anfing mit der Theologie, habe ich mir etwas anderes darunter vorgestellt – aber doch vielleicht eine mehr akademische Angelegenheit. Es ist nun etwas ganz anderes daraus geworden. Aber ich glaube nun endlich zu wissen, wenigstens einmal auf die richtige Spur gekommen zu sein – zum ersten Mal in meinem Leben. Und das macht mich oft sehr glücklich ... Ich glaube zu wissen, dass ich eigentlich erst innerlich klar und wirklich aufrichtig sein würde, wenn ich mit der Bergpredigt wirklich anfinge, Ernst zu machen. Hier sitzt die einzige Kraftquelle, die den ganzen Zauber und Spuk einmal in die Luft sprengen kann ..."(90) [133]

Und seinem Schwager Rüdiger Schleicher vertraut er an:

"Ist es Dir nun ... verständlich, wenn ich die Bibel als dieses fremde Wort Gottes an keinem Punkt preisgeben will, dass ich vielmehr mit allen Kräften danach frage, was Gott hier zu uns sagen will? Jeder andere Ort außer der Bibel ist mir zu ungewiss geworden. Ich fürchte, dort nur auf einen göttlichen Doppelgänger von mir selbst zu stoßen ...

Und ich will Dir nun auch noch ganz persönlich sagen: seit ich gelernt habe, die Bibel so zu lesen – und das ist noch gar nicht so lange her – wird sie mir täglich wunderbarer...

Aber Du glaubst gar nicht, wie froh man ist, wenn man von den Holzwegen so mancher Theologie wieder zurückgefunden hat zu diesen primitiven Sachen." (91) [134]

Als Christ widerstehen

Der Widerstand Bonhoeffers hat drei Quellen:

Zunächst ist es der Anspruch Hitlers, Führer zu sein.

Sodann dirigiert der NS-Staat über den Arierparagraphen auch in die Belange der Kirche hinein und will sie zwingen, nicht - arische Pfarrer aus dem Dienst der Kirche zu entlassen.

Zum Dritten erfährt Bonhoeffer über seinen Schwager Hans von Dohnanyi über menschenverachtende und das Menschenrecht verletzende Praktiken und weitere Vorhaben des Regimes.

30. 1. 1933: Politisch - taktische Überlegungen zwischen dem Reichspräsidenten von Hindenburg und den gescheiterten Vorgängerregierungen führten dazu, dass Hitler zum Reichskanzler und zwei weitere NSDAP-Mitglieder zu Ministern berufen wurden. So ge-

[133] Bonhoeffer, Gesammelte Schriften - GS III, 24 f

[134] Bethge, a. a. o., S. 250

langen Hitler und die NSDAP innerhalb der Verfassung an die Schalthebel der Macht, die sie sofort und konsequent ergreifen. Der vormals demokratisch Legitimierte lässt sich nun "Führer" nennen und führt den deutschen Gruß "Heil Hitler" ein. Für Bonhoeffer dem Theologen und Christen ein Gräuel. Wie kann einer, der den Heiland Jesus-Christus kennt und sich zu ihm bekennt, einem anderen Menschen "Heil" zurufen und es von ihm erwarten?

Bonhoeffer formuliert seine beißende Kritik für einen Rundfunkvortrag, den er bereits im Februar 33 hält. Kaum hat er die Kritik artikuliert, dass der *"Führer, zum Verführer wird, wenn er sich zum Abgott macht ..."* wird die Sendung abgebrochen. Drei Wochen nach der Machtergreifung! Seit diesem Zeitpunkt steht Dietrich Bonhoeffers Name auf der Liste derer, die als Feinde des Staates betrachtet werden.

Im April 1933 wird das "Gesetz zur Wiederherstellung des Berufsbeamtentums" mit begleitenden Gesetzen und Verordnungen, der so genannte Arierparagraph, erlassen. Das Regime erwartete von den Landeskirchen die Absetzung aller nicht-arischer Pfarrer. Die Familie Bonhoeffer war durch diese Gesetzgebung direkt betroffen: Hans Leipholz, der mit Bonhoeffers Zwillingsschwester Sabine verheiratet ist, war Halbjude.

Bonhoeffer schließt sich mit dem westfälischen Pfarrer Martin Niemöller zusammen, der zu diesem Zeitpunkt Pfarrer in Berlin-Dahlem war. Sie begründen den Pfarrer-Notbund, aus dem wenige Monate später die "Bekennende Kirche" hervorgehen sollte.

Dies Engagement für den, der bereits auf der Liste der "Staatsfeinde" stand, ein lebensgefährliches Unternehmen.

Auf Anraten und mit Hilfe von Freunden reist er nach Großbritannien aus und übernimmt in London eine Auslandspfarrstelle.

Von hier aus kann Bonhoeffer 1934 als Leiter der deutschen Jugenddelegation an einer ökumenischen Tagung in Fanö/Dänemark teilnehmen. Dort warnt er in einer viel beachteten Friedensrede vor der drohenden Kriegsgefahr.

1935-1937: In diesen Jahren wird die Spannung zwischen der vom NS-Regime flächendeckend ausgebauten Staats-Kirche der Deutschen Christen und der u. a. von Martin Niemöller, Friedrich von Bodelschwingh, Karl Barth, Dietrich Bonhoeffer und Hanns Asmussen geführten "Bekennenden Kirche" immer größer. Die Mitglieder der Bekennenden Kirche begründen für den Pfarrernachwuchs eigene Theologische Hochschulen und ein eigenes Predigerseminar. Die bisherigen Ausbildungsstätten unterliegen voll und ganz der staatlichen Aufsicht und seinem Einfluss und Diktat. Dietrich Bonhoeffer folgt dem Ruf und übernimmt den Aufbau und die Leitung des Predigerseminars der Bekennenden Kirche, das zunächst im mecklenburgischen Zingst, dann in Finkenwalde bei Stettin seine Heimstatt findet. Parallel dazu unterrichtet er wieder als Privat - Dozent an den Berliner Hochschulen.

Der Direktor als Spiritual

Eberhard Bethge, der Biograf, der selbst Teilnehmer des ersten Predigerseminarskurses in Zingst war, schildert den **Tageslablauf und die Arbeitsweise:**

"Den Tagesablauf fassten zwei lange Andachten ein. Am Morgen folgte auf die Andacht noch die halbstündige Meditationszeit. Diese Übung wurde auch während des Umzugs auf Kisten und Jugendherbergsbetten durchgehalten. Die Andachten fanden nicht in der Kirche statt, sondern in der alltäglichen Tischrunde. Sie begannen mit chorischem Psalmgebet, dann folgten freigewähltes Lied, Lesung eines alttestamentlichen Kapitels, feststehender Liedvers (für einige Wochen, Lesung eines neutestamentlichen Kapitels, ausführliches freies Gebet mit gemeinsamem "Vater unser", und den Schluss bildete wiederum ein feststehender Liedvers. Psalm- und Schriftlesungen wurden als lectio continua vollzogen, möglichst ohne Auslassungen. Die Struktur verriet Ähnlichkeiten mit dem anglikanischen Evensong. Bonhoeffer hielt diese Lese- und Gebetsfolge für die dem Theologen angemessenste und natürlichste Andachtsform. Nur sonnabends fügte er eine – meist sehr direkte – Anrede hinzu. Den Kandidaten fiel auf, dass er gern Lieder wie Tersteegens "Kommt, Kinder, lasst uns gehen", Michael Weißes "O ihr alle, die ihr euch im Herrn vereinigt" und Christian Friedrich Richters glutvolle Strophe "Sie wandeln auf Erden und leben im Himmel" auswählte.
Der Versuche, sich dieser Tagesordnung zu entziehen, wurde man in Bonhoeffers Gegenwart nicht recht froh. Um die Gefahren des engen Beieinanderlebens und der unruhigen Umzugswochen zu bannen, bat er, nur eine einzige Regel einzuhalten, dass über einen Mitkandidaten nicht in dessen Abwesenheit geredet werden sollte oder es diesem gesagt werden müsse, wenn es doch geschah. Im Scheitern dieser einfachen Regel und in ihrer neuen Beachtung wurde fast soviel gelernt wie an Exegesen und Predigten. Bonhoeffer durfte dem Seminar soviel Disziplin zumuten, weil er ebenso dem Vergnügen und der scharfen Diskussion Raum gab ..." [135]
... dachte Bonhoeffer "nicht daran, sogleich seine Bruderhausideen vorzutragen ... er baute an den Voraussetzungen, die ja zugleich das Zusammenleben des ganzen Seminars betrafen ...

[135] Bethge, a. a. O

Meditation

Als Bonhoeffer in Zingst den Tageslauf bekanntgab, ordnete er auch die halbe Stunde stiller Meditationszeit am Morgen nach dem Frühstück an, ehe die eigentliche theologische Arbeit beginnen sollte. Er schlug vor, die Meditation um einige wenige gemeinsam vereinbarte Schriftverse für jeweils eine Woche kreisen zu lassen. Diese Verse sollte nichts mit der laufenden theologischen Arbeit, nichts mit dem Predigttext oder dem Kirchenjahr zu tun haben, sondern von jeder Zweckbestimmung frei bleiben ..."[136]
Unverständnis. Murren. Aussprachezeit.
"Alles konnte gesagt werden, aber Bonhoeffer ließ von vornherein keinen Zweifel daran, dass es von der Ordnung kein Abweichen gäbe und dass diese auch nicht etwa der Mehrheitsentscheidung unterworfen würde ..." [137]

USA – Rettung oder Versuchung?

1937 wird auf Erlass Heinrich Himmels das Predigerseminar geschlossen; Bonhoeffer wird die Lehrerlaubnis entzogen. In sogenannten "Sammel- und Wandervikariaten" führt Bonhoeffer die Predigerseminarsarbeit illegal weiter.
Um sein Leben zu schützen, sorgen **1939** Freunde aus der Ökumene dafür, dass Bonhoeffer eine Gastprofessur in den USA angeboten wird. Er nimmt sie an. Aber bereits wenige Tage nachdem er den für ihn sicheren Boden der Staaten betreten hat, überkommen ihm Zweifel. So schreibt er seinem väterlichen Freund und Mentor Karl Barth:
"Ich fühle mich den Fragen und Ansprüchen einfach äußerlich nicht mehr gewachsen. Das alles macht mir Angst, macht mich unsicher und da dachte ich, es wäre besser, eine Zeitlang in die Wüste zu gehen und einfach Pfarrarbeit zu leisten. Noch weiß ich nicht, wie lange es mich hier hält; wenn ich wüsste, dass ich drüben wirklich gebraucht würde. Es ist unendlich schwer zu wissen, was wir tun sollen ..."
Barth antwortet ihm:
Ich kann ihnen nichts anderes zurufen: Schleunigst zurück auf ihren Berliner Posten. Was heißt hier: Stille des Pfarramts. Jetzt, wo sie in Deutschland gefordert sind. Warum sind sie nicht dauernd dort, wo alles darauf ankäme, dass ein paar beherzte junge Leute bei jedem großen oder kleinen Anlass auf der Wacht wären und versuchten zu retten, was zu retten ist. Sie sollen jetzt nur das Eine bedenken, dass sie Deutscher sind und das Haus ihrer Kirche brennt ...

---

[136] ebenda, S. 529
[137] ebenda, S.530

Mit dem nächsten Schiff nach Hause zurückkehren – nun – sagen wir mit dem übernächsten."

Bonhoeffer betritt das übernächste Schiff. Am **9. Juli 1939** auf Rückfahrt nach Deutschland schreibt er in sein Tagebuch:

"Seit ich auf dem Schiff bin, hat die innere Entzweiung aufgehört. Ich kann ohne Vorwürfe an die abgekürzte Zeit in Amerika denken. Losung des Tages "Ich danke Dir, dass Du mich gedemütigt hast und lehrst mich Deine Rechte. (Ps. 119,71)..."

Im Kreis von Freunden betont er nach seiner Rückkehr, dass er Deutschlands Schicksal nicht von außen ansehen kann. *"Ich muss dabei sein. Ich muss die Prüfung, die jetzt über Deutschland kommt, unbedingt selber mitgemacht haben."* Er fügt hinzu: "Ich weiß, was ich gewählt habe."

Vom Widerstandkämpfer zum Doppelagenten

Im 1940 wird das illegal geführte Predigerseminar zum zweiten Mal geschlossen und Bonhoeffer erhält ein Rede- und Veröffentlichungsverbot für das ganze Reich.

An das Veröffentlichungsverbot hält er sich nicht.

Im Gegenteil: Über seinen Schwager Hans von Dohnanyi, der 1941 nach dem plötzlichen Tod des Reichsjustizministers Grütner in die Abwehrzentrale versetzt wurde und über seine Schwester Christel, die beide aktiv am Widerstand beteiligt sind, erhält Bonhoeffer Anschluss an den Widerstandskreis um Admiral Canaris, dem Chef der deutschen Abwehr und seinem Stellvertreter, Oberst Oster. Diese tragen Bonhoeffer an, seine ökumenischen Verbindungen zu nutzen, um im Ausland über den deutschen Widerstand regelmäßig zu berichten.

Für Bonhoeffer beginnt nun eine Zeit, in der er gleichsam als "Doppelagent" tätig ist: Offiziell wird er vom Deutschen Geheimdienst beauftragt, ins Ausland zu reisen; tatsächlich nutzt er seine Reisen um über den Widerstand zu informieren und das westlichen Ausland auf die Zeit nach Hitler vorzubereiten.

Zusammen mit diesem Widerstandskreis erarbeitet Bonhoeffer zudem eine Materialsammlung für den "Tag X", an dem Hitler sich vor Gericht zu verantworten habe. Zu den Überlegungen und Aktivitäten dieses Kreises gehört der Umsturzplan, der ein Attentat auf Hitler, das Stauffenberg, der Zugang zum Führer hatte, durchführen sollte, einschließt.

Widerstand bis hin zur Beteiligung am Tyrannenmord durch einen Christen? Vielmehr noch, durch aktive Mitbeteiligung eines Pfarrers?

Bis zum 1. Weltkrieg für eine christliche Ethik undenkbar. Da konnte es noch so viele Gruppen und Parteiungen geben, die gegeneinander standen. Begann der Krieg, kannte der Kaiser keine Parteien, nur noch Deutsche. Vorrangig war, in Friedens- wie in Kriegszeiten, der Staatsgewalt Gehorsam zu leisten, dem, der voranging und der sein Amt der Gnade Gottes verdankte, allemal!

Wenige Jahre nur und in einer christlichen Ethik ist der Satz zu lesen: "Wo Recht zum Unrecht wird, wird Widerstand zur Pflicht!" [138] Dieser Satz ist nicht an die Adresse der Herrschenden, die das Gewaltmonopol in Händen haben, sondern an die Christengemeinde gerichtet.

Kaum war Deutschland von der Terrorherrschaft befreit, begann der Streit: Gehört D. Bonhoeffer zur Schar der christlichen Blutzeugen? Oder, so argumentieren andere: War er nicht bloß ein politischer Widerstandskämpfer? [139]

In einem anschaulichen Beispiel hatte Bonhoeffer dargelegt, warum er als Pfarrer und Christ seine Aufgabe darin sah, dem Führer des deutschen Volkes, der tatsächlich ein brutaler Amokfahrer war, das Handwerk zu legen.

"Was ist die Aufgabe eines Pfarrers, der am Kurfürstendamm miterlebt, wie ein Amokfahrer Menschen tötet? Ist es nur die Aufgabe, die Getöteten zu beerdigen und die Angehörigen zu trösten? Oder muss es nicht auch – für den, der die Möglichkeit dazu hat – die Aufgabe sein, dem Amokfahrer das Steuerrad aus der Hand zu reißen, selbst wenn es sein Leben kostet?"

In seinem Gedicht Stationen auf dem Wege zur Freiheit wird Dietrich Bonhoeffer später in der Zelle von Tegel niederschreiben:

"TAT. Nicht das Beliebige, sondern das Rechte tun und wagen, nicht im Möglichen schweben, das Wirkliche tapfer ergreifen, nicht in der Flucht der Gedanken, allein in der Tat ist die Freiheit.

Tritt aus ängstlichem Zögern heraus in den Sturm des Geschehens, nur von Gottes Gebot und deinem Glauben getragen, und die Freiheit wird deinen Geist jauchzend empfangen." [140]

Zu Weihnachten 1942 schrieb Bonhoeffer seinem Freund:

'Die letzte verantwortliche Frage ist nicht, wie ich mich heroisch aus der Affäre ziehe, sondern wie eine kommende Generation weiterleben soll. Nur aus dieser geschichtlichen verantwortlichen Frage können fruchtbare – wenn auch vorübergehend sehr demütigende – Lösungen entstehen.'" [141]

---

[138] H. Gollwitzer

[139] E. Bethge stellt in seiner Bonhoeffer-Biographie dar, dass Bonhoeffer wußte, wie schwer für seine Bekennende Kirche ist, sich mit seiner Tat zu identifizieren: S. 893, siehe auch: S.1042

[140] WE, S. 250

[141] ebenda, S. 894ff

Die Haft

Am 5. April 1943, drei Monate nachdem er sich mit der viel jüngeren früheren Konfirmandin Maria von Wedemeier verlobt hat, schlägt die Geheime Staatspolizei (Gestapo) zu: Bonhoeffer wird verhaftet und der Wehrkraftzersetzung beschuldigt.
Die ersten Monate verbringt er im Militärgefängnis Berlin-Tegel; hier wird er täglich über mehrere Stunden verhört. Zweck der Verhöre ist, herauszubekommen, welche Persönlichkeiten mit ihm zum Widerstandskreis gehören. Der Theologe und Christ Bonhoeffer stellt sich die existentielle Frage: "Was heißt hier und jetzt: Die Wahrheit sagen?" Muss ich, wie es Kant in seiner Ethik nahe legt, die Freunde verraten, weil ich nicht lügen darf um dann mitanzusehen, wie sie von der Räuberbande ebenfalls verhaftet und umgebracht werden? Bonhoeffer nennt diese Haltung zynisch und entscheidet sich für den Weg, die Freunde nicht zu verraten.
Bonhoeffer lehnte es in der Tegeler Zelle ab, sich als Leidender behandeln zu lassen:
"Man darf diese Dinge nicht dramatisieren. Ob ich mehr ‚leide' als Du oder die meisten Menschen heute überhaupt, ist mir mehr als fraglich. Natürlich ist vieles scheußlich, aber wo ist es das nicht? Vielleicht haben wir an diesem Punkt überhaupt manches zu wichtig und zu feierlich genommen ... Nein, Leiden muss etwas ganz anderes sein, eine ganz andere Dimension haben, als was ich bisher erlebt habe." [142]
"Warum dies alles geschehen und wie es geschehen musste, darüber finden sich nun auffallend wenig Äußerungen in Bonhoeffers Gefängnispapieren ...
Bonhoeffers Zurückhaltung, die sich zusammenhängend in systematisch - ethischer oder rechtfertigender Art zu seiner Fortsetzung der Konspiration in dieser Untersuchungshaft zu äußern, hat gute Gründe. Äußerlich verbot die Gefahr, dem Gegner willkommenes Material zu liefern, jede schriftliche Behandlung des Gegenstandes. Innerlich widersprach es Bonhoeffers Charakter, sein Tun mit Apologien zu begleiten, während er noch mitten darin steckte. Im Übrigen – wozu sollte er sich rechtfertigen, wenn es dafür kein angemessenes Forum gab?
Die Vertreter der Kirche konnten damals kein solches Forum sein. Sie ahnten wenig von den Vorgängen und kannten das Ausmaß etwa der Judenmorde nur sehr annäherungsweise, um das Maß des notwendigen Engagements durch die Verschwörer einzuschätzen; bis in die Bruderräte hinein waren ihre Stimmen fast verstummt ..." [143]
Bonhoeffer in Widerstand und Ergebung (WE):

[142] Brief Bonhoeffers vom 9.3.44. WE nach Bethge zitiert; S. 936
[143] ebenda S. 931

"Das Wesen des Mannes im Unterschied zum Unfertigen ist, dass das Schwergewicht seines Lebens immer dort ist, wo er sich gerade befindet und dass die Sehnsucht nach der Erfüllung der Wünsche ihn doch davon abzubringen vermag, dort, wo er nun einmal steht, ganz das zu sein, was er nun einmal ist? ... je mehr er zu überwinden hat, um immer ganz gegenwärtig zu sein, desto geheimnisvoller und vertrauenswürdiger wird er im Grunde seines Wesens für die Mitmenschen." [144]

"Ich glaube, dass Gott aus allem, auch aus dem Bösesten, Gutes entstehen lassen kann und will. Dafür braucht er Menschen, die sich alle Dinge zum Besten dienen lassen.
Ich glaube, dass uns Gott in jeder Notlage soviel Widerstandskraft geben wird, wie wir brauchen. Aber er gibt sie nicht im voraus, damit wir uns nicht auf uns selbst, sondern allein auf ihn verlassen. In solchen Glauben müsste alle Angst vor der Zukunft überwunden sein ... Ich glaube, dass Gott auf aufrichtige Gebete und Taten wartet und antwortet." [145]

Auch und gerade während der Haft hielt Bonhoeffer an der **Geistlichen Ordnung** fest. Bethge schildert:
Für sich selbst hielt Bonhoeffer an der täglichen Ordnung von Bibellese, Gebet und Meditation fest. Er war nun froh darüber, so viele Paul – Gerhardt - Lieder auswendig zu können. Das Bedürfnis des Isolierten nach zeichenhafter Gewissheit führte dazu, dass er sich nach Luthers Anweisung mit dem Kreuz segnete. Aber er beachtete in dieser Umgebung peinlich den Unterschied, den Namen Gottes anzurufen – und diesen Namen vor anderen auszusprechen. Die Ernsthaftigkeit des einen schloss die Leichtfertigkeit im andern aus.
Gottesdienste hat er für Bonhoeffer seit dem Frühjahr 1943 nie mehr gegeben. Einmal meinte er, dass er sie sogar kaum vermisse, er wunderte sich etwas darüber. (123) Ob es damit zusammenhing, dass eine solche "öffentliche" Veranstaltung für die Mithäftlinge, mit denen er so intensiv zusammenlebte, nicht mehr sein konnte als eine feierliche Abwechslung? Das offene geistliche Wort sollte deshalb besser auf seine gelegene Stunde warten und das "Gottesdienstliche" lieber noch im "Arkanum" bleiben, wie Bonhoeffer es in den theologischen Briefen ausdrückte.
Wer weiß, ob Bonhoeffer sich um die Einrichtung von Gottesdiensten bemüht hätte, wenn er dafür Verantwortung und Freiheit besessen hätte. Er lebte das Leben von Hunderten um ihn herum und teilte ihre Ängste, Entbehrungen und kleinen Freuden. Geistliche Kontakte erwuchsen darin auf natürliche Weise. Eigene Veranstaltungen zu diesem Zweck hätten solche Kontakte wahrscheinlich mehr belastet als gefördert. Bonhoeffer wunderte sich manchmal selbst, wie er auf diese Situation reagierte, ohne freilich daraus ein Pro-

[144] WE S. 940
[145] ebenda S. 22f

gramm machen zu wollen. Aber zuweilen überfiel ihn eine Sehnsucht nach den Gottesdiensten, wie er sie einmal im Kreis der Brüder in Finkenwalde gehabt hatte. Doch auch diese Sehnsucht gehörte jetzt zu dem Thema "Vergangenheit" mit dem er sich auseinandersetzte. [146]

Hier in der Haft formulierte er für seine Mitgefangenen eine ganze Reihe von Gebeten, so das bekannte Morgengebet:

Herr, zu dir rufe ich in der Frühe des Tages.
Hilf mir beten und meine Gedanken sammeln zu dir;
ich kann es nicht allein.
In mir ist es finster,
aber bei dir ist das Licht;
ich bin einsam, aber du verlässt mich nicht;
ich bin kleinmütig, aber bei dir ist Hilfe;
ich bin unruhig, aber bei dir ist der Friede;
in mir ist Bitterkeit, aber bei dir ist die Geduld;
ich verstehe deine Weg nicht,
aber du weißt den Weg für mich.

Das Ende – Der Anfang

Nach dem Stauffenberg - Attentat auf Hitler am **20. Juli 1944**, kommt es zum sog. "Zossener Aktenfund". Nun kann die Gestapo Bonhoeffers Widerstandstätigkeit nachweisen.
Aus der Gefangenschaft wird er nicht freikommen. Man verlegt ihn später in das KZ Buchenwald. Von dort verschleppt ihn bei herannahender Front die SS nach Flossenbürg.
Am 9. April 1945, wenige Tage vor der Befreiung des Lagers durch die Amerikaner, werden Bonhoeffer, Admiral Canaris und Oberst Oster von einem SS-Standgericht zum Tode verurteilt.
Das Urteil wird am gleichen Tag durch den Strang vollstreckt.

Die Hinrichtung

In Flossenbürg aber vollzog sich im Morgengrauen dieses Montags die Hinrichtung. Der Lagerarzt sah Bonhoeffer, ohne damals zu ahnen, mit wem er es zu tun hatte. Zehn Jahre später hat er es aufgeschrieben:

[146] Bethge; Seite 956–957

"Am Morgen des betreffenden Tages etwa zwischen 5 und 6 Uhr wurden die Gefangenen, darunter Admiral Canaris, General Oster... und Reichsgerichtsrat Sack aus den Zellen geführt und die kriegsgerichtlichen Urteile verlesen. Durch die halbgeöffnete Tür eines Zimmers im Barackenbau sah ich vor der Ablegung der Häftlingsbekleidung Pastor Bonhoeffer im innigen Gebet mit seinem Herrgott knien. Die hingebungsvolle und erhörungsgewisse Art des Gebetes dieses außerordentlich sympathischen Mannes hat mich auf das tiefste erschüttert. Auch an der Richtstätte selbst verrichtete er noch ein kurzes Gebet und bestieg dann mutig und gefasst die Treppe zum Galgen. Der Tod erfolgte nach wenigen Sekunden. Ich habe in meiner fast 50jährigen ärztlichen Tätigkeit kaum je einen Mann so gottergeben sterben sehen." [147]

Englischer Fliegeroffizier Pan Best, Mitgefangener:
"Bonhoeffer schien mir immer eine Atmosphäre von Glück und Freude über jedes geringste Lebensereignis zu verbreiten und von tiefer Dankbarkeit erfüllt zu sein für die Tatsache, dass er lebte. Er war einer der wenigen Menschen, mit denen ich zu schaffen hatte, für die Gott wirklich und immer nahe war."

Beten und Tun des Gerechten

Was Dietrich Bonhoeffer beispielhaft im Widerstand vorlebte, war für ihn mehr als die zufällige Tat eines einzelnen Christen. Christusnachfolge vollzieht sich für Bonhoeffer im **"Beten und Tun des Gerechten"**, darin dass die Kirche nicht in erster Linie gottes- oder selbstdarstellerisch für sich, sondern **"für andere"** da ist.
Aus der nach innen gelebten Frömmigkeit, die einer Arkandisziplin unterliegt, folgt konsequenterweise der **"weltliche Gehorsam"**[148], eben als das **"Tun des Gerechten".**
Bonhoeffer soll sagt haben:
"Nur wer für die Juden ins Feuer springt, darf gregorianisch zu singen."
Eine Belegstelle für dieses Zitat ist, nach Feststellung seines Freundes und Biographen E. Bethge zwar nicht vorhanden; das Zitat entspricht aber voll und ganz bonhoefferschem Denken und Vorbild. [149]
'In Christus sein' heißt für Bonhoeffer an der Welt teilhaben ...
"Christus führt nicht jenseits, sondern mitten in die Wirklichkeit des täglichen Lebens hinein. Christliches Leben ist kein Selbstzweck, sondern versetzt in den Stand, als Mensch vor Gott zu leben, nicht ein Übermensch zu werden, sondern 'für andere da zu sein' ...

---

[147] Bethge; a. a. O., Seite 1038
[148] 'In Christus sein' heißt an der Welt teilhaben ...; Bethge, a. a. O. S. 809; 997, 998
[149] Bethge, a. a. O.

Was wie die 'Nachfolge' anfing, endet mit der Formel von der 'Weltlichkeit':
"Das Wort von der Versöhnung ist die Befreiung zum Leben vor Gott mitten in der gottlosen Welt, es ist die Befreiung zum Leben in echter Weltlichkeit." [150]

BETEN UND TUN DES GERECHTEN:

Dietrich Bonhoeffer hat gezeigt und gelebt, dass beides zusammengehört. Er sagt es aber anders: *Nur der Glaubende ist gehorsam, - nur der Gehorsame glaubt!*
Unrecht sehen heißt für Bonhoeffer nicht nur Beten, sondern als Beter im weltlichen Gehorsam mit ganzem Einsatz für Gerechtigkeit eintreten; konkret: Dem Tyrannen widerstehen, ihm das todbringende Handwerk legen.
Auf die Gerechtigkeit Gottes hoffen, heißt für Bonhoeffer niemals, die Hände in den Schoß zu legen, sondern als Hoffender diese Gerechtigkeit verwirklichen – so gut und so bruchstückhaft wir das auch vermögen.
Für Bonhoeffer ist Gott nicht eine jenseitige Größe. Entweder hier und jetzt, in aller Diesseitigkeit unseres Lebens erfahren wir Gott oder für uns gibt es keinen Gott. Jedenfalls der, den wir dann Gott nennen, ist der Gott der Bibel nicht.
Im Gefängnis befestigen sich diese Gedanken; da schreibt Bonhoeffer:

"Ich will nicht, dass man Gott an einer letzten Stelle unseres Lebens hineinschmuggelt, sondern dass man die Mündigkeit der Welt und des Menschen einfach anerkennt; und ihn an seiner stärksten Stelle mit Gott konfrontiert."[151]

Für Bonhoeffer ist die Kirche in der Gegenwart nur *Kirche*, wenn sie *für andere da* ist. Sie muss an den weltlichen Aufgaben, am menschlichen Gemeinschaftsleben teilhaben, nicht herrschen, sondern helfen und dienen. Sie muss allen sagen, was ein Leben mit Christus ist; was es heißt, für andere da zu sein!

Dietrich Bonhoeffer hat die Nachfolge Jesu in seiner Zeit gewagt; er hat gelebt, was er geglaubt und gelehrt hat.

---

[150] WE, S. 809
[151] WE, S. 236

Martin Luther King jun. (* 15.1.1929 + 4.4.1968)

Verantwortung des Christen für die Gesellschaft [152]

Auf die Frage: Wer ist für Sie die glaubwürdigste Persönlichkeit, wurden um die Jahrtausendwende mehrheitlich Albert Schweitzer, Mutter Teresa, Dietrich Bonhoeffer, Martin Luther King und Mahatma Gandhi genannt. Eine Zeitlang auch Janusz Korczak, der Vater der Kinderrechte, der eine Pädagogik der Liebe schrieb und vorlebte. Aber der verschwand aus dieser Liste sehr schnell wie der Literaturnobelpreisträger Heinrich Böll aus den Liste der meist gelesenen Literaten.[153] Fünf der Genannten sind Christen, und Gandhi, der Hindu hat seine Strategie des gewaltfreien Widerstandes nach eigenen Worten aus der Bergpredigt Jesu entwickelt. Diese wiederum bestimmte Denken und Handeln Martin Luther Kings. Gandhi und seine Bewegung beschäftigte auch Dietrich Bonhoeffer als er sich auf der Suche nach glaubwürdigem, (christlichen) Leben machte.

Gandhi, Bonhoeffer, Martin Luther King sind eines gewaltsamen Todes gestorben. Alle drei nahmen das Unrecht, das sie erlebten, nicht schicksalhaft ergeben hin. Sie planten und agierten im Widerstand: mutig, kämpferisch, wohlwissend, dass ihr Ende der gewaltsame Tod sein wird.

Martin Luther King wurde am 15. Januar 1929 in Atlanta als Sohn eines Baptistenpfarrers geboren. Nach Schule und Colleges - Abschluß in Soziologie studierte er Theologie und beschäftigte sich intensiv mit Gandhis Widerstandskampf in Indien. Er begann 1951 an der Pennsylvania-Universität mit seiner Promotion, setzte seine philosophischen Studien an der Harvard-Universität fort und wurde 1955 an der Boston-Universität zum Dr. phil. promoviert. Kaum hatte er sein Pfarramt in der Baptistengmeinde Montgomery angetreten, organisierte er einen Omnibus-Boykott, der zur Aufhebung der Rassentrennung im Verkehrswesen führte. Wegen seiner großen Wirkung wählte ihn die Südliche Führungskonferenz zu ihrem Sprecher (SCLC). In dieser Eigenschaft organisierte und führte King mehrere Großdemonstrationen, wurde mehrfach inhaftiert und immer wieder mit dem Tod bedroht. "Am 28. August 1963 führte Martin Luther King den historischen 'Marsch auf Washington' an, auf dem er die legendäre Rede "I have a dream - Ich habe einen Traum"

---

[152] In der nachfolgende Darstellung verwendet der Verfasser folgende Literatur: M. L. King, Freiheit!, Heyne-Sachbuch 112, 1958; M. L. King, Warum wir nicht warten können; Fischer TB 681, 1965; M. L. King, Wohin führt unser Weg?, Fischer TB Informationen zur Zeit, 937, 1968; M. L. King, Testament der Hoffnung, Letzte Reden, Aufsätze und Predigten, GTB 79, 1968.

[153] In der zur Jahrtausendwende im ZDF durchgeführten Umfrage: Meine liebsten Bücher, tauchte unter den ersten hundert Werken keines von Heinrich Böll auf, wohl je drei der anderen deutschen Nobelpreisträger Hauptmann, Hesse und Grass.

hielt. Die Ermordung John F. Kennedys am 22. November 1963 traf die Bürgerrechtsbewegung schwer. 1963 und 1964 veröffentlichte King die Sachbücher 'Kraft zum Lieben' und 'Warum wir nicht warten können'. Kennedys Nachfolger, Lyndon B. Johnson, sorgte dafür, dass am 19. Juni 1964 das Bürgerrechtsgesetz verkündet wurde, in dem die Rassentrennung aufgehoben wurde." [154] Es ist nicht im Sinne M. L. Kings, wenn er, wie im Klappentext des Fischer TB 681, "Repräsentant der Neger Amerikas ..." genannt wird. Er verstand den Kampf der Bürgerrechtsbewegung immer als einen Kampf, der auch das Ziel hatte, "die Seele der Weißen, die Seele der Unterdrücker zu retten."

Internationale Anerkennung erhielt King 1964 durch die Überreichung des Friedensnobelpreises. Am 4. April 1968 wurde er in Memphis (Tenn.) ermordet.

Briefe, Aufsätze, Interviews und Predigten von Martin Luther King nennen meist nach einer durchgeführten Aktion, die theologisch-geistlichen und philosophischen Hintergründe. Daher ist es sachgemäß, dass die Darstellung von M. L. Kings Denken so erfolgt, dass an dieser Stelle (in Zusammenfassungen) bedeutsame Briefe und Grundsatztexte wiedergegeben werden:

1. Die Motive des gesellschaftlichen Handelns [155]

- Im gesellschaftspolitischen Handeln geht es dem Christen nicht um selbst gewählte Ziele oder um die Erfüllung politischer Programme, sondern um das "von Gott gewährte Recht". Die Forderungen, die der Christ erhebt, entspringen dem "ewigen Willen Gottes".
- Es geht darum, in dieser Welt "Gott mehr zu gehorchen als den Menschen" wie es alttestamentliche Beispiele (Daniel-Apokalypse: Drei Männer im Feuerofen) und frühchristliche Aktionen (Gehorsamverweigerung) zeigen.
- Der Christ sieht seine Kirche als den "Körper Christi". "Soziale Verantwortungslosigkeit" und die "Angst, man könnte uns als Nonkonformisten betrachten" schändet und verunstaltet den Leib Christi. Wenn die Kirche so als Leib Christi verstanden wird, ist sie nicht nur "Thermometer, das die Ideen und Leitbilder der öffentlichen Meinung registriert, sondern Thermostat, der die Sitten der Gesellschaft wandelt." So ist die Kirche "Kolonie des Himmelreiches", die sich nicht von den Herrschenden einschüchtern lässt, denn sie ist aufgerufen "Gott mehr als den Menschen zu gehorchen."
- In der faktisch vollzogene Trennung zwischen Menschen und Menschengruppen erkennt der Christ darin die Trennung des Menschen von Gott, also den Tatbestand, den

[154] Martin Luther King, Wikipedia-Text-Übernahme

[155] Fischer TB 681 Seite 73 –93, Brief aus dem Gefängnis in Birmingham;

die Bibel die Bibel Sünde nennt.[156] Somit ist der Kampf gegen solche Trennung, Kampf gegen die Sünde.

- Nicht-Agieren ist nicht etwa neutral, sondern hat zufolge, dass "im Gefühl hoffnungsloser Enttäuschung" die Entrechteten sich "bedingungslos vom Christentum" lossagen. Jenseits vom Christentum (etwa in der Bewegung der black-muslims) besteht die Gefahr der Verteuflung des Gegners und damit der Radikalisierung und Brutalisierung des Kampfes.
- Deshalb ist solcher Einsatz nicht Einsatz auf eigene Faust, sondern geschieht im "ruhelosen Bemühen ..." als "Helfer des göttlichen Herren."
- Es ist Unrecht "still und lautlos hinter der betäubenden Sicherheit ihrer bunten Glasfenster" zu verharren und der Religion eine "ganz andere Welt" zuzuweisen. Man kann nicht auf "unbiblische Art und Weise ... zwischen dem Körper und seiner Seele, dem Heiligen und dem Weltlichen unterscheiden."
- So ist der gesellschaftspolitische Kampf um Gerechtigkeit und Freiheit begründet im Willen Gottes. Die Kirche kennt diesen Willen und muss sich dafür "vor dem Richterstuhl Gottes" verantworten. Deshalb ist sie "kein unmaßgeblicher Gesellschaftsclub." Der "wahre Geist des Evangeliums" bewährt sich so im "Kampf um die Freiheit", der darum weiß, dass das besiegte Recht doch stärker ist, als das siegreiche Übel. Der politisch Handelnde weiß, dass der "Tag kommen wird."

2. Analyse der Unrechtsituation

- Für einen Christen gibt es nicht das Schneckenhaus lokaler Begrenzungen. Da wir in einem "Netz wechselseitiger Abhängigkeiten leben" ist "Ungerechtigkeit an irgendeinem Ort" auch Bedrohung meines Rechtes und meiner Freiheit.
- Dort wo die "von Gott gewährten Freiheiten" mit Füßen getreten werden, kann der Christ nicht tatenlos zusehen.
- "Gerechte Gesetze sind im Einklang mit dem moralischen, mit dem göttlichen Gesetz...". Darin erweisen sie sich als göttlich und gerecht, dass sie für die "Mehrheit wie für die Minderheit gleichermaßen..." gelten. Somit ist das Eintreten für die Gerechtigkeit, Eintreten für das Durchsetzen des göttlichen Willens.

[156] Fischer TB 681, King zitiert P. Tillich S. 79f

- Der "Fortschritt des Menschengeschlechts" auf Verwirklichung der von Gott gewährten Freiheit und Gerechtigkeit geschieht im "rast - und ruhelosen Bemühen der Menschen ... als Helfer des göttlichen Herren." D. h. der in politische Aktion getretene Christ weiß sich in seinem Bemühen nicht in Gottesferne, sondern weiß sich als 'kooperator dei.'
- Das Ziel ist der "positive Friede", die Herrschaft der Gerechtigkeit", auf dem "festen Grund menschlicher Würde" das schöpferische "Werk der Brüderlichkeit zu erfüllen."

3. Die Haltung des Christen im gesellschaftspolitischen Kampf

Die Haltung des Christen ist vom Grundsatz bestimmt, "... dass die Mittel, die wir anwenden, genauso sauber sein müssen, wie die Ziele die wir anstreben."

- Bei alledem kalkuliert der Christ ein, dass seine Aktion dort der Vergebung durch Menschen bedarf, wo sie zu radikal, dass sie dort der Vergebung Gottes bedarf, wo sie zu wenig radikal um der Brüderlichkeit willen, ist. " Diese Haltung zeigt, dass hier nicht einer über den anderen triumphiert. Dort, wo ich darum weiß, dass meine Aktion der Vergebung Gottes und der Menschen bedarf, gibt es trotz aller Entschiedenheit und Entschlossenheit des Kampfes keine letztgültigen Urteile und keine Methoden, die nach ihrer Anwendung keine Korrektur mehr zulassen. (z. B. Gewalt, Vernichtung des Gegners ...)
- Deshalb ist vor der Aktion eine genaue Prüfung der Fakten und der eigenen Person ("Prüfung der Tatsachen, ob Unrecht vorliegt; Verhandlung "Selbstprüfung und direktes Vorgehen") nötig. Prüfung der eigenen Person schließt Leidensfähigkeit (und die Leidensbereitschaft) im Sinne der "Theologie des Kreuzes", wie sie Martin Luther entwickelt hat, mit ein.
- Das Ziel der Aktion ist nicht die Bloßstellung des Gegners, sondern Enthüllung bereits bestehender Spannungen und Ungerechtigkeiten.
- Der direkte gewaltfreie Kampf will nicht Vernichtung, sondern Rettung des Getrennten. Er hilft, dass sich "unterdrückte Gefühle äußern" und sich nicht hemmungslos in Gewalttätigkeiten verlieren. King kann formulieren: "Wir haben den armen Lazarus dem Reichen vor die Tür gelegt, um die Seele des Reichen zu retten."
- Menschen und Gruppen, die den Christen in solchem Bemühen enttäuschen, führen nicht ihrerseits zur Trennung.

Es geht bei alledem um die G e w i n n u n g des Ge - trennten.

Was M. L. King über sein Verhältnis zu der ihn enttäuschenden Kirche sagt, gilt ebenso für sein Verhältnis zu denen, gegen die er in gewaltfreier Aktion vorgeht:

"Zutiefst haben mich die weißen Kirchen" enttäuscht ... Ich "stelle dies fest, nicht etwa als einer jener negativen Kritiker, die an der Kirche immer etwas zu mäkeln und zu beanstanden wissen. Ich sage es vielmehr als ein Geistlicher, der die Kirche liebt, der an ihrem Busen aufgezogen wurde, der durch ihre geistigen Kräfte gestärkt wurde und der ihr ein treuer Sohn bleiben wird, solange sein Leben währt ... In grenzenloser Enttäuschung habe ich über die Trägheit der Kirche geweint. Aber glauben sie mir, dass es Tränen der Liebe gewesen sind. Es gibt keine tiefe Enttäuschung, wo keine tiefe Liebe herrscht. Ja, wahrlich, ich liebe die Kirche."

"Die Lehre vom gewaltfreien Widerstand." [157]

Da die Lehre vom gewaltlosen Widerstand eine so positive Rolle in der Montgomery-Bewegung spielte, ist es vielleicht angebracht, einige grundlegende Gesichtspunkte kurz zu erörtern.

Zuerst muss betont werden, dass gewaltloser Widerstand keine Methode für Feiglinge ist. Es wird Widerstand geleistet. Wenn jemand diese Methode anwendet, weil er Angst hat oder nur weil im die Werkzeuge zur Gewaltanwendung fehlen, so handelt er in Wirklichkeit gar nicht gewaltlos. Aus diesem Grunde hat Gandhi oft gesagt, man solle, wenn man nur die Wahl zwischen Feigheit und Gewalt hat, lieber kämpfen. Er wusste, dass es immer noch eine andere Möglichkeit gibt: Weder eine Einzelperson noch eine Gruppe von Menschen braucht sich einem Unrecht zu unterwerfen oder Gewalt anzuwenden, um sich wieder Recht zu verschaffen; denn es gibt den weg des gewaltlosen Widerstands. Das ist letzten Endes der Weg des Starken. Es ist keine Methode träger Passivität. Der Ausdruck passiver Widerstand erweckt oft den falschen Eindruck, dass das eine Methode des Nichtstuns sei, bei der derjenige, der Widerstand leistet, ruhig und passiv das Böse hinnimmt. Aber nichts ist weiter von der Wahrheit entfernt. Denn der Anhänger des gewaltlosen Widerstandes ist nur insofern passiv, als er seinen Gegner nicht physisch angreift; sein Geist seine Gefühle aber sind immer aktiv. Sie versuchen ständig den Gegner zu überzeugen, dass er im Unrecht ist. Die Methode ist körperlich passiv, aber geistig stark

[157] M. L. King, Freiheit Heyne TB 112 S. 78 ff

aktiv. Es ist keine Widerstandslosigkeit gegenüber dem Bösen, sondern aktiver gewaltloser Widerstand gegen das Böse.

Ein anderer charakteristischer Zug des gewaltlosen Widerstandes ist der, dass er den Gegner nicht vernichten oder demütigen, sondern seine Freundschaft und sein Verständnis gewinnen will.
Wer gewaltlosen Widerstand leistet, muss oft durch Boykotte oder dadurch, dass seine Mitarbeit versagt, protestieren. Aber er weiß, dass diese Mittel nicht Selbstzweck sind. Sie sollen beim Gegner nur ein Gefühl der Scham wecken. Der Zweck ist Wiedergutmachung und Aussöhnung. Die Frucht des gewaltlosen Widerstandes ist eine neue innige Gemeinschaft, während die Folge der Gewalttätigkeit tragische Verbitterung ist.

Ein drittes Charakteristikum dieser Methode ist, dass ihr Angriff gegen die Mächte des Bösen gerichtet ist, nicht gegen Personen, die das Böse tun. Der Anhänger des gewaltlosen Widerstandes will das Böse vernichten nicht, die Menschen, die dem Bösen verfallen sind. Wenn er sich gegen die Rassendiskriminierung auflehnt, so tut er es in der Erkenntnis, dass die eigentliche Spannung nicht zwischen den Rassen besteht. Ich sage es den Leuten in Montgomery gern so: "Die Spannung in dieser Stadt besteht nicht zwischen Weißen und Negern. Sie besteht im Grunde genommen zwischen Gerechtigkeit und Ungerechtigkeit, zwischen den Mächten des Lichts und den Mächten der Finsternis. Und wenn hier ein Sieg errungen ist, wird es nicht nur ein Sieg für 50 000 Neger sein, sondern ein Sieg für die Gerechtigkeit und die Mächte des Lichts. Wir wollen die Ungerechtigkeit vernichten und nicht weiße Menschen, die ungerecht sind."

Ein vierter charakteristischer Zug des gewaltlosen Widerstandes ist die Bereitschaft, Demütigungen zu erdulden, ohne sich zu rächen, und Schläge hinzunehmen, ohne zurückzuschlagen. "Vielleicht müssen Ströme von Blut fließen, ehe wir unsere Freiheit gewinnen, aber es muss unser Blut sein", sagte Ghandi zu seinen Landsleuten. Der Anhänger des gewaltlosen Widerstandes ist bereit, wenn es sein muss, Gewalttätigkeiten hinzunehmen; aber er wird sie anderen niemals zufügen. Er versucht nicht, eine Verhaftung aus dem Wege zu gehen. Wenn er ins Gefängnis muss, geht er hinein, 'wie ein Bräutigam in die Kammer der Braut.'
Man könnte nun fragen: Mit welchem Recht fordert der Anhänger des gewaltlosen Widerstandes die Menschen auf, eine so schwere Prüfung auf sich zu nehmen? Mit welchem Recht wendet er die alte Lehre vom 'Die-andere-Backe-Hinreichen' auf die politischen Massen an? Die Antwort ist: Er hat erkannt, dass unverdientes Leiden erlöst. Im Leiden liegt eine gewaltige erzieherische und umwandelnde Kraft. Gandhi sagt: "Alles, was von

fundamentaler Bedeutung für ein Volk ist, läßt sich nicht durch Vernunft allein erreichen, es muss durch Leiden erkauft werden. Leiden ist eine unendlich viel stärkere Macht als das Gesetz des Dschungels. Es kann den Gegner umwandeln und ihm die Ohren öffnen, die sonst der Stimme der Vernunft verschlossen sind."

Fünftens läßt sich der Anhänger des gewaltlosen Widerstandes weder äußerlich noch innerlich zur Gewalttätigkeit hinreißen. Er weigert sich nicht nur, seinen Gegner niederzuschießen, sondern auch, ihn zu hassen. Im Mittelpunkt der Lehre vom gewaltlosen Widerstand steht das Gebot der Liebe. Der Anhänger des gewaltlosen Widerstandes kämpft darum, dass die unterdrückten Völker der Welt in ihrem Ringen um die Menschenwürde nicht verbittert werden oder sich in Hassfeldzügen ergehen. Mit gleicher Münze vergelten, würde den Hass in der Welt nur vermehren. Jeder müsste Verstand und Moral genug haben, um die Kette des Hasses zu zerreißen. Das kann nur geschehen, wenn wir **die Liebe zum Mittelpunkt unseres Lebens machen.**

- Wenn wir an dieser Stelle von der Liebe sprechen, meinen wir damit nicht irgendein sentimentales oder zärtliches Gefühl. Es wäre Unsinn, wenn wir die Menschen auffordern wollten, ihre Unterdrücker zärtlich zu lieben. Mit Liebe meinen wir in unserem Falle Verstehen, guten Willen, der erlösendede Kraft hat. Hier kommt uns die griechische Sprache zu Hilfe. Es gibt im griechischen Neuen Testament drei Worte für Liebe:
  Erstens das Wort 'eros'. In Platos Philosophie bedeutet 'eros' das Verlangen der Seele nach dem Bereich des Göttlichen. Heute verstehen wir darunter eine Art ästhetischer oder romantischer Liebe.
  Das zweite Wort ist 'philia', das innige Zuneigung zwischen zwei Freunden bedeutet. Philia kennzeichnet eine auf Gegenseitigkeit beruhende Liebe. Man liebt, weil man geliebt wird.

- Wenn wir von einer Liebe zu denen sprechen, die uns feindlich gegenüberstehen, benutzen wir weder das Wort 'eros' noch das Wort 'philia', sondern das griechische Wort 'agape'. Agape bedeutet verstehender, erlösender guter Wille allen Menschen gegenüber. Sie ist eine überströmende Liebe, die völlig freiwillig, unmotiviert, grundlos und schöpferisch ist. Sie wird nicht durch irgendeine gute Eigenschaft oder Leistung ihres Objekts ausgelöst. Sie ist die Liebe Gottes, die im Herzen des Menschen wirkt.

- Agape ist eine uneigennützige Liebe, in der der Mensch nicht sein Bestes sucht, sondern 'was des andern ist' (1.Kor. 10,24).
Sie macht keinen Unterschied zwischen würdigen und unwürdigen Menschen oder zwischen irgendwelchen Eigenschaften, die die Menschen besitzen. Sie liebt die andern um ihretwillen und sieht in jedem Menschen, dem sie begegnet, den Nächsten. Daher macht sie auch keinen Unterschied zwischen Freund und Feind. Sie wendet sich beiden zu. Wer einen Menschen nur seiner Freundlichkeit wegen liebt, liebt ihn mehr um des Vorteils willen, den er aus der Freundschaft zieht, als um seinetwillen. Wenn wir also sicher sein wollen, dass unsere Liebe uneigennützig ist, müssen wir den Nächsten lieben, der unser Feind ist und von dem wir nichts Gutes, sondern nur Feindseligkeit und Verfolgung erwarten können.

- Ein anderer Grundzug der Agape ist, dass sie aus dem dringenden Verlangen des andern entspringt - seinem Verlangen, zu den Besten in der menschlichen Familie zu gehören. Der Samariter, der dem Juden auf der Straße nach Jericho half, war 'gut', weil er auf die menschliche Not reagierte, der er begegnete. Gottes Liebe ist ewig und versagt nicht, weil der Mensch sie braucht. Paulus versichert uns, dass "wir Gott versöhnt sind durch den Tod seines Sohnes, als wir noch Feine waren" - das heißt, zu der Zeit, als wir die Liebe am meisten brauchten. Da der Charakter des weißen Menschen durch die Segregation sehr entstellt ist und seine Seele sehr gelitten hat, braucht er die Liebe des Negers. Der Neger muss den Weißen lieben, damit dessen Spannungen, Unsicherheiten und Ängste beseitigt werden.

- Agape ist keine schwache, passive Liebe. Sie ist eine tätige Liebe, eine Liebe, die danach trachtet, Gemeinschaft zu schaffen und zu erhalten, auch wenn man sie zerstören will. Sie ist bereit Opfer zu bringen und alles zu tun, um die Gemeinschaft wiederherzustellen. Sie bleibt deshalb nicht bei der ersten Meile stehen, sondern sie geht auch die zweite Meile. Sie ist bereit, nicht siebenmal, sondern siebzigmal siebenmal zu vergeben. Das Kreuz ist das ewige Zeichen dafür, wie weit Gott gehen will, um eine zerbrochene Gemeinschaft wiederherzustellen. Die Auferstehung ist ein Symbol des Sieges Gottes über alle die Mächte, die die Gemeinschaft zu verhindern suchen. Der Heilige Geist ist im Verlauf der Geschichte die Realität, die ständig Gemeinschaft schafft. Wer gegen die Gemeinschaft handelt, handelt gegen die ganze Schöpfung. wenn ich daher Hass mit Hass begegne, vergrößere ich nur die Kluft in der zerbrochenen Gemeinschaft. Ich kann diese Kluft nur so schließen, dass ich Hass mit Liebe begegne. Wenn ich Hass mit Hass begegne, werde ich entpersönlicht, weil sich meine Persönlichkeit nach dem Schöpfungswillen Gottes nur innerhalb der Gemeinschaft entwickeln kann. Booker T. Washington hatte recht, wenn er sagte: "Laß dich von niemandem so weit hinreißen, dass du ihn haßt." Sonst bringt er dich dahin, dass du gegen die Gemeinschaft handelst, dass du dich gegen die Schöpfung auflehnst und dadurch entpersönlicht wirst.

- Und schließlich bedeutet 'agape' Anerkennung der Tatsache, dass alles Leben in Beziehung zueinander steht. Die ganze Menschheit ist in einem einzigen Prozess verwickelt, und alle Menschen sind Brüder. In dem Maße, wie ich meinem Bruder schade, ganz gleich, was er mir antut, in dem Maße schade ich mir selbst. Die Weißen lehnen zum Beispiel oft eine finanzielle Unterstützung des Schulwesens aus Bundesmitteln ab, um den Negern nicht das Recht geben zu müssen. Da aber alle Menschen Brüder sind, können sie Negerkindern nichts verweigern, ohne ihren eigenen Kindern zu schaden. Entgegen all ihren Anstrengungen schaden sie sich schließlich selbst. Warum ist das so? Weil alle Menschen Brüder sind. Wenn du mir schadest, schadest du die selbst.

- Liebe, Agape, ist das einzige Band, das diese zerrissene Gemeinschaft zusammenhalten kann. Wenn mir geboten ist zu lieben, ist mir geboten, die Gemeinschaft wiederherzustellen, der Ungerechtigkeit zu widerstehen und meinen Brüdern zu helfen.

Sechstens gründet sich der gewaltlose Widerstand auf die Überzeugung, dass das Universum auf der Seite der Gerechtigkeit steht.

Infolgedessen hat der, der an Gewaltlosigkeit glaubt, einen tiefen Glauben an die Zukunft. Dieser Glaube ist ein weiterer Grund, warum der Anhänger des gewaltlosen Widerstandes Leiden ertragen kann, ohne wiederzuvergelten. Denn er weiß, dass er in seinem Kampf für die Gerechtigkeit den Kosmos auf seiner Siete hat. Es ist wahr, dass es eifrige Anhänger der Gewaltlosigkeit gibt, denen es schwer fällt, an einen persönlichen Gott zu glauben. Aber selbst diese glauben an die Existenz irgendeiner schöpferischen Kraft, die für das universale Ganze wirkt. Ob wir sie nun einen unbewussten Prozess, einen unpersönlichen Brahma oder ein persönliches Wesen von unvergleichlicher Macht und unendlicher Liebe nennen - es gibt eine schöpferische Kraft in diesem

Weltall, die am Werk ist, die getrennten Erscheinungen der Wirklichkeit zu einem harmonischen Ganzen zusammenzufügen.

BEITRITTSERKLÄRUNG ZUR GEWALTFREIEN AKTION:

"Ich verpflichte mich - mit Leib und Seele - der gewaltfreien Bewegung. Darum werde ich folgende 10 Gebote halten:

1. Jeden Tag über die Lehren und das Leben Jesu nachzudenken.
2. Nie zu vergessen, dass die gewaltlose Bewegung in Birmingham Gerechtigkeit und Versöhnung sucht - nicht den Sieg.
3. Im Geiste der Liebe handeln und zu sprechen, denn Gott ist Liebe.
4. Täglich zu beten, Gott möge sich meiner bedienen, um allen Menschen zur Freiheit zu verhelfen.
5. Persönliche Wünsche für die Freiheit aller Menschen zu opfern.
6. Freund und Feind gegenüber die Regel der Höflichkeit zu beachten.
7. Danach zu trachten, ständig anderen und der Welt zu dienen.
8. Mich der Gewalttätigkeit der Faust, der Zunge und des Herzens zu enthalten.
9. Nach geistiger und körperlicher Gesundheit streben.
10. Die Anweisungen der Bewegung und der Demonstrationsleiter zu befolgen.

Schluß aus:

Ich bin auf dem Gipfel des Berges gewesen

"... Nun, ich weiß nicht, was jetzt geschehen wird. Schwierige Tage liegen vor uns. Aber das macht mir jetzt wirklich nichts aus. Denn ich bin auf dem Gipfel des Berges gewesen. Ich mache mir keine Sorgen. Wie jeder andere würde ich gerne lange leben. Langlebigkeit hat ihren Wert. Aber darum bin ich jetzt nicht besorgt. Ich möchte nur Gottes Willen tun. Er hat mir erlaubt, auf den Berg zu steigen. Und ich habe hinübergesehen. Ich habe das gelobte Land gesehen. Vielleicht gelange ich nicht dorthin mit euch. Aber ihr sollt heute abend wissen, dass wir, als ein Volk, in das Gelobte Land gelangen werden. Und deshalb bin ich glücklich heute abend. Ich mache mir keine Sorgen wegen irgend etwas. Ich fürchte niemanden. Meine Augen haben die Herrlichkeit des kommenden Herren gesehen." [158]

Keine 24 Stunden später fielen die tödlichen Schüsse des Mörders.

---

[158] Ansprache am 3.4.1968 in der Mason Temple Church in Memphis, dem Vorabend seiner Ermordung; zitiert aus Testament der Hoffnung, GTB 79 a.a.O., S. 117

Gott ist mächtig

ist jemand unter uns, der den Tod fürchtet?
Warum diese Furcht?
Gott ist mächtig!
Ist jemand unter uns, der über den Tod
eines geliebten Menschen verzweifelt ist?
Warum verzweifeln?

Gott kann die Kraft schenken,
das Leid zu tragen.
Sorgt sich jemand um seine schlechte Gesundheit?
Warum sich sorgen?

Komme, was mag.
Gott ist mächtig!
Wenn unsere Tage verdunkelt sind
und unsere Nächte finsterer
als tausend Mitternächte,
so wollen wir stets daran denken,
dass es in der Welt eine große,
segnende Kraft gibt, die Gott heißt.
Gott kann Wege aus der Ausweglosigkeit weisen.
Er will das dunkle Gestern
in ein helles Morgen verwandeln -
zuletzt in den leuchtenden Morgen der Ewigkeit.
Amen.

Helmut Gollwitzer (* 29.12.1908 + 17.10.1993)

Wer war Helmut Gollwitzer?

Klischees sind schnell zur Hand. Wenn die rechte Presse von ihm sprach, hieß er der "rote Golli". Das scheint ihn in jeder Hinsicht zu ehren. Die Öffentlich-Rechtlichen sortierten ihn der "Vierer-Bande" zu: Neben Böll, dem Literaten; Scharf, dem Rebellen auf dem Bischofstuhl und Heinrich Albertz, dem unglücklich Taktierenden in Willy Brandts Rathaus, dann plötzlich, den Talar wieder geschultert als schnaubendes Schlachtroß jene attakierend, die er bislang führte. Und der "rote Golli", der Vierte der Bande? Der Fünfte wohl eher, oder der Erste der Fünf, denn Gustav Heinemann gehört noch zu ihnen. Er wird beim Zählen vergessen, hat er doch als Mitrebell, den Präsidentenstuhl erklommen. Kurzum: Weil Präsident und Rebell sich nur schwerlich zusammendenken lassen, haben die Öffentlich-Rechtlichen, die Institution der "Vierer-Bande" aus dem fernen Osten an die Spree verlegt. Klischees zeichnen Schwarz-Weiß in scharfen Konturen. Für den ersten Blick hilfreich sogar. Wer einen zweiten Blick wagt, findet in Gollwitzers Biografie, was Luise Rinser, die "Hochzeit der Widersprüche" nannte. Oder begegnen uns in all den Widersprüchen Metamorphosen? Wohl eher. Dann gilt es zu fragen: Wie kommt es dazu ?

Bevor wir uns dieser Frage stellen, wenden wir uns dem Widersprüchlichem in Gollwitzers Biografie und Denken zu.

Gollwitzer ist Bayer. In Berlin, der Metropole Preußens, hatte er seine längste, dichteste und wirksamste Zeit. Wer vom "roten Golli" hörte, verband dieses Stichwort mit seiner beißenden Kapitalismus-Kritik, die immer zugleich - während der Phase des Vietnamkriegs zumal - Kritik an der westlichen Führungsmacht USA war. Seine Wirkungsstätte in Berlin war lange Zeit, bevor er sich von ihr löste, die FH, die von den Vereinigten Staaten initiierte und aufgebaute Universität in Deutschlands Metropole.

Dass Gollwitzer Theologe war, wußte fast jedes Kind; dass aber an der FH in Berlin gar keine theologische Fakultät besteht, weiß nur der Eingeweihte. Friedrich-Wilhelm Marquardt nennt ihn den "Philosophen, der immer wieder zum Theologen wird." [159]

Der gebürte Bayer Gollwitzer ist von Haus aus Lutheraner, er studierte, wie es sich für konservativ-geprägte lutherische Theologen gehört in Erlangen. Kein anderer als der durch das Dritte Reich umstrittene Paul Althaus ist sein Lehrer und sein Doktor-Vater. Später wird Gollwitzer Schüler, Freund, Weggefährte und fast Nachfolger des Reformierten Karl Barth; da war er schon, den auf Basis-Demokratie und Ordnung aber nicht sehr

[159] F. W. Marquardt, Gollwitzer, Weg und Werk; Kaiser TB 51, S.17

sehr auf Anarchie, im Sinne von herrschaftsfreiem Lebenraum, eingestellten Schweizern, zu gefährlich.

"Der jugendliche SA-Propangandist von Lindau-Reutin ... wird zum Mann der Bekennenden Kirche "[160]; - und zwar an vorderster Stelle, als Nachfolger Martin Niemöllers in Dahlem, als jener persönlicher Gefangener des Führers wurde.

Der in Nachkriegsdeutschland gegen die Wiederaufrüstung, der atomaren zumal, immer und immer wieder protestierend auf die Straßen ging und Wortführer der Atompazifisten wie der späteren Friedensbewegung wurde, zog sich ohne jede Skrupel, 1939 den grauen Rock an und wurde Soldat.

Aus der Gefangenschaft zurück, brachte er ein Buch mit, das in der Zeit des Antikommunismus und des Kalten Krieges zum Bestseller wurde: "...und führen, wohin du nicht willst!" Es wurde in sechs Sprachen übersetzt, erreichte fast 20 Auflagen, das wohl bekannteste Gollwitzer-Buch, das über den internen Kreis der theologisch-politisch Interessierten hinaus, die meisten Menschen erreichte. Ein Buch, das ihn als Anti-Stalinisten ausweist. Für Menschen, die den Kalten Krieg erlebten, nicht nachzuvollziehen, dass jener, den beschriebenen Erfahrungen zum Trotz, sich später selber einen Kommunisten[161] nannte.

Nie gegen die Bibel politisierend, immer - wir werden es sehen - als Hörer der Schrift, nichts anderes in Angriff nehmend, - schreibend, schreiend, kämpfend -, als das, was er als Anspruch[162] des Evangeliums erkannte.

Wahrlich: Ein Kommunist lutherischer Prägung. Eine widersprüchlichere Hochzeit hat es unter unserer Sonne nie gegeben.

Dass ein Vulkan in ihm brodelte, der hier und da seine heißglühgenden Lavaströme ausstieß, das hat die deutsche Öffentlichkeit wieder und wieder erfahren. Was brodelte in ihm? Was brachte ihn in Wallung? Was ließ seine Lavaströme überkochen und zwar so, dass sie nie gegen Menschen gerichtet sich ergossen wohl aber die gemeinte Sache attakierten? In der Sache immer bis hart an die Grenze gehend, manchmal auch darüber hinaus, den Menschen aber nie verletzend; ja, der Gegner erfährt ihn als seinen "ritterlichsten Verteidiger" und seinen "Interpreten".[163] Was bringt ihn dazu? Das konnte nicht der Geist sein, der stets verneint. Widerstand aus Prinzip, nicht Gollwitzers Sache!

---

[160] dto
[161] Gollwitzer, Ich bin ein Kommunist; Kaiser-TB 48, S.30
[162] Gollwitzer, Zuspruch und Anspruch, Predigten; Kaiser 68
[163] Marquardt, Weg und Weg, Seite 19

Sein Biograf gibt die Antwort: "Die Wurzeln seiner Erfahrungsfähigkeit liegen im Glauben, der ein tägliches Sich-Empfangen aus der Barmherzigkeit Gottes ist." [164]
Und sein Glaube hatte nur eine Quelle, darin lutherischer Theologe durch und durch: "Er hört kontinuierlich auf die Bibel im Zusammenhang ihrer beiden Testamente..."; er hörte auf das "....Unerschöpfliche der Bibel"; er "hört und liest nicht nur" [165]. Und weil der Hörende sich selbst in seiner Fraglichkeit entdeckte, war ihm gegeben, "für andere mitzuhören." [166] Er hörte "und lernt und macht dabei Erfahrungen, und er streitet, bis Gott ihm nichts mehr zu streiten läßt und ihn eingehen läßt in seine Ruhe." [167]
Gott -, für Gollwitzer alles andere als ein theologischer Begriff. Gott "ist der, der er ist, indem er verheißt, dass er kommt ". Und aus dieser Verheißung, die Gott selbst ist, ergeben sich die "Forderungen der Freiheit", die "Veränderungen im Diesseits", wird die "Jüngerschaft in die Kämpfe dieser Welt verwickelt" und hat sich als "Vortrupp des Lebens" zu verstehen. [168]
Gollwitzer konnte sagen: Wer die Bibel liest, der liest sie nie ungestraft;[169] denn der Leser, der zum Hörer wird, nimmt Gott wahr als den, der da kommt, der im Angriff auf diese Welt ist. Und mit diesem Kommenden, kommt sein Reich. Und was mit Gottes Reich kommt ist kein Ruhekissen sondern Weltveränderung; ja - Reich Gottes ist Revolution!
Allerdings: Die Jüngerschaft baut dieses Reich Gottes nicht; aber sie ist " Anwalt der von Gott her gewollten Weltveränderung." [170] Jüngerschaft, das sind nicht die Bewunderer Jesu, Jüngerschaft, das ist der Kreis seiner Nachfolger. Sie stehen, wie der, der da kommt, in den Kämpfen dieser Welt. Vortrupp eben. Immer aktiv. Immer auf das Reich Gottes vorgreifende, Angreifende zugleich. So lernen wir bei Gollwitzer, dass der Glaube nach der Praxis drängt, weil "die Verheißung auf Erfüllung aus ist." [171]
Sodann: Solche Praxis meint "Weltveränderung und nicht nur Individualerneuerung."[172]
Der Kampf der Jüngerschaft hat politisch-gesellschaftliche Dimensionen.
Seine Inhalte bezieht dieser Kampf aus der Reichs-Gottes-Erwartung. Freilich treibt sie, wir werden es sehen, in die gesellschaftliche Analyse. Die Reichs-Gottes-Erwartung verheißt nicht nur, was kommt, sie negiert zugleich, was geworden ist.

---

[164] ebenda, S. 47
[165] ebenda, S.37
[166] ebenda, S.39
[167] ebenda, S.36
[168] Diverse Buchtitel bzw. Kapitelüberschriften Gollwitzers
[169] So in einem Spiegel-Interwievs während der APO-Zeit
[170] Marquardt, a.a.O. S. 33
[171] ebenda S. 29; Marquardt weist ferner darauf hin, dass Gollwitzer "das Rechtfertigungsgeschehen rein als ein praktisches Prinzip in seiner ursprünglichen Bedeutung, als die paradoxe Befreiung zur menschlichen Praxis, aufzufassen sich bemüht..." S.25
[172] ebenda S. 34

Marquardt vergleicht Karl Barth, der nach Erkenntnis drängt mit seinem Nachfahren Gollwitzer, dem es, weit mehr noch, um die Gestaltung des Jüngerschaft geht.
"Hatte Karl Barth mit seinem Tode einen Augenblick unerhörter Erkenntnis erwartet... so erwartet Gollwitzer unseren Übergang in den großen Lobgesang, wo unser bisher so 'armes Lob auf Erden' im Himmel besser werden kann, weil Gott uns auch da noch - oder da erst recht - die Gelegenheit einräumt, unter ihm zu leben und ihm zu dienen in ewiger Gerechtigkeit, Unschuld und Seligkeit. Lobendes und dankendes Dienen, das ist die vor und nach unserem Sterben durchgehaltene Struktur unseres Seins vor Gott; Wirken und Handeln haben eschatologischen Gehalt, nicht nur Erkenntnis..."[173]
Wir sahen: Unser Wirken und Handeln ist bei Gollwitzer nicht in unsere Beliebigkeit gestellt, weder Ergebnis einer gesellschaftlichen Analyse noch aus dem Dichten und Trachten des menschlichen Herzens entsprungen. Der Jünger will etwas, denn er weiß, dass er gewollt ist. Und das, was er will entspricht dem Kommenden, dem, der uns will. So wird aus der Erwartung des "absoluten Reiches Gottes" das Programm der Jüngerschaft: die "relative Utopie" und aus ihr das "Sozialprogramm" [174], das die Gemeinde mit allen Menschen guten Willens anstrebt und erkämpft.
Kämpfen mehr, - nicht so sehr das Leiden oder Erleiden gar, bestimmte sein Handeln. Darin die lutherische Position weit überbietend. In jener Wirkungsgeschichte wurde "Ruhe zur ersten Bürgerpflicht." Dulden, Leiden oder Erleiden gar, war christliche Tugend. Wenn Gollwitzer hingegen vom Leiden sprach, dann war es zu allerst der Kampf gegen das Leid, der Kampf mit Leidenden und für sie. Freilich auch das: Der Kampfplatz der Jüngerschaft ist in der "Welt des alten Lebens"; - "Wie soll das gut gehen ?" [175], fragte Gollwitzer zu recht und er weiß, das das Leiden an den inneren Widersprüchen des Kampfes unvermeidbar sein wird.
Dass Jüngerschaft kämpfend agiert und in den Kämpfen leidet, ist kurz skizziert. Nun muß deutlich werden, was dieser Kampf erstrebt.

Der Bundeswille Gottes und das Ziel einer sozialistischen Gesellschaft

Wieder und wieder hat Gollwitzer in Thesenreihen begründet, warum er als Christ Sozialist, [176] ja Kommunist wurde. [177] In einem ersten Aufsatz, er ist bezeichnenderweise Bi-

[173] ebenda
[174] H. Gollwitzer, Die Revolution des Reiches Gottes und die Gesellschaft; zuletzt in: Umkehr und Revolution, Kaiser-TB 47, 1988; S. 102-129
[175] H. Gollwitzer, Befreiung zur Solidarität, Kaiser 1978; S. 175: Die Jüngerschaft in den Kämpfen dieser Welt
[176] H. Gollwitzer, Umkehr und Revolution; Kaiser TB 48 - Bd 2:
- Muß ein Christ Sozialist sein ?

schof Kurt Scharf, einem Weggefährten der "Vierer - Bande" gewidmet, macht er sich einen Satz Adolf Grimmes zu eigen: "Ein Sozialist kann Christ sein aber ein Christ muß Sozialist sein." [178] Ein provozierender Satz. Ein Satz, dem sofort, und zwar aus Glauben, widersprochen werden muß. Gollwitzer weiß es. So widerspricht er: "Christlicher Glaube verpflichtet auf keine Philosophie, auf keine Art, die Welt anzuschauen, auf keine Gesellschaftsordnung, auf kein Programm .... Christen müssen überhaupt nichts ... Die Liebe des Vaters kennt keine Bedingungen! Nun aber das Aber! Die durch Gott initiierte und gestaltete Verbindung "macht den Jünger Jesu zum Mitwisser des Willens Gottes .... zum Mitarbeiter des Vaters. Und der Vater will, dass all seine Kinder das ganze Leben - also das leibliche, das geistige, das geistliche, das soziale und politische Leben in ganzer Fülle haben. Und damit ist der Inhalt und das Ziel formuliert:

"Das Ziel des Dienstes der Jünger ist eine Gesellschaft, die ihren ungleich begabten Gliedern Gleichberechtigung gibt und jedem Glied die Chance ganzer Lebensentfaltung, in der die Starken den Schwachen helfen, in der die Produktion im Dienste aller steht, in der das Sozialprodukt nicht von einer priviligierten Minderheit abgeschöpft wird, so dass den anderen nur der bescheidene Rest zur Verfügung steht .... Das ist eine sozialistische, klassenlose Gesellschaft. Hinsichtlich dieser Zielvorstellung, die zugleich das Kriterium für die Kritik jeder bestehenden Gesellschaft gibt, läßt der Wille des Vaters dem Jünger keine Wahl. Er muß Sozialist sein....". [179]

In seinen Thesenreihen macht Gollwitzer darauf aufmerksam, dass "die materiellen Vorstellungen der messianischen" und damit der skizzierten soizialistischen Ideen "alle aus der jüdisch - christlichen Welt" stammen. [180] Daraus zieht er einerseits den Schluß: "Wenn Christen durch ihre Verkündigung messianische Hoffnungen wecken, dann sollten sie auch jenen beistehen, die sie zu aktualisieren zu versuchen." [181]

Anderseits unterscheidet Gollwitzer zwischen diesem grundlegenden Ziel des Sozialismus, das, weil grundlegend, für alle Jünger verbindlich ist, von den verschiedenen Wegen, dieses Ziel zu erreichen. Die Ideengeschichte kennt viele sozialistische Wege [182] ; so auch den relativ späten Entwurf und Weg des Marxismus. Für Gollwitzer war der Marxismus

---

- Ich bin Kommunist
- Warum bin ich als Christ Sozialist ?
- Warum ich als Christ Sozialist bin ... Seite 10-61

[177] ebenda S. 30-38
[178] ebenda S.10
[179] ebenda S. 15 - 18
[180] H. Gollwitzer, Umkehr und Revolution, Kaiser TB 47; hier Christian Keller, Einführung S. 7-34
[181] ebenda S. 19
[182] vgl. G.W. Brück, Von der Utopie zur Weltanschauung, Köln 1989; aber auch G. Brackelmann, Die soziale Frage des 19.Jahrhunderts; Witten 1964, hier besonders S. 42-110

"eine der Realisierung des Sozialismus dienende Theorie".[183] Gollwitzer konnte, besonders im gesellschaftsanalytischen Teil, diese streckenweise übernehmen; andererseits kritisierte er sie, weil sie den Atheismus als unverzichtbaren Bestandteil ihrer Ideologie nicht aufgab.

Für Gollwitzer war entscheidend, immer und immer wieder den Auftraggeber für die sozialistische Weltgestaltung zu nennen. Als 1975 die CDU-Abgeordnete Ursula Besser den Antrag in das Berliner Abgeordnetenhaus einbrachte:

"Das Abgeordnetenhaus möge beschließen: Wer sich zum Marxismus kommunistischer Prägung bekennt, darf nicht als Mitarbeiter der Kirche beschäftigt werden....", reagierte er mit einem engagierten Bekenntnis zum Kommunismus. Hier nannte er sich u.a. einen Kommunisten ökologischer, marxistischer, christlicher, lukanischer, lutherischer und barthscher Prägung. Dann schloß er: "...als so geprägter Kommunist bekenne ich mich weder zum Kommunismus noch zum Marxismus noch zu Luther oder barth, sondern allein zu meinem Herren Jesus Christus, der mich zu seinem Jünger berufen hat, in dem Gottes Lebenswille begegnet, durch dessen Geisteswirken ich Sünder leben darf und befreit werde, wie es in der 2. Barmer These heißt, aus 'den gottlosen Bindungen dieser Welt zu freiem und dankbaren Dienst an seinen Geschöpfen.' In diesem Dienst bin ich auch frei 'alles zu prüfen, das Gute aber zu behalten' - es komme von Luther oder von Barth, von Marx oder von Mao -. 'Alles ist euer, ihr aber seid Christus.'" [184]

Hier wird deutlich: Wir haben den Schatz des Evangeliums eben nur in irdenen Gefäßen. Als Hörer des Evangeliums hören wir Gottes uneingeschränktes Ja, das uns zu seinem Mitwisser und Mitarbeiter macht. Als Hörer des Evangeliums kennen wir den Willen Gottes. Die Frage muß nun beantwortet werden: "Durch <u>wen</u> und <u>wie</u> dieser Wille Gottes Hier und Jetzt gestaltende Kraft gewinnt.

Wer so fragt, hat bereits zwei Positionen bezogen :

Die Vision des Reiches Gottes begegnet uns in der Bibel, in beiden Testamenten[185], als Utopie. Noch ohne Ort, im Hier und Jetzt noch nicht verankert. Aber diese Utopie meint nicht nur Zukünftiges, sie kritisiert die Zustände <u>dieser</u> Welt; sie entlarvt das Schema dieser Welt als ein ungerechtes und lebensfeindliches.

Zweitens: Die noch ortlose Utopie steht nicht einfach dieser Welt gegenüber. Sie will verändernd diese Welt gestalten. Wir Christen beten ja nicht: "Versetze uns in deine bessere Welt...", sondern "Dein Reich komme, dein Wille *geschehe wie im Himmel so auf Erden ....".*

---

[183] Chr. Keller, Anm. 25, S.29 aaO
[184] H. Gollwitzer, siehe Anm. 21, S 37-38
[185] z.B. Jesaja 11 und Offenbarung 21

Fragen wir also: Wie kommt es - und durch wen ?

Die absolute Utopie des Reiches Gottes und unsere sozialistische Utopie

Mitten im Hexenkessel der 68er Jahre, als die Außerparlamentarischen die Talare lupften und den Mief von tausend Jahren aufsteigen ließen, als Fritz Teufel, wenn es denn der Wahrheitsfindung dient, sich vor dem Richter räkelte und Rudi Dutschke, für viele der Personifizierte mit Witwe Ohnesorge bei Gollwitzers in Berlin eine Schutzstätte fanden, saß er, der "rote Golli", Staatsfeind und bald Präsidentenfreund, an seinem sozialisierten Schreibtisch, nebst ebenfalls sozialisiertem Zettelkasten, und verfaßte seine Denkschrift über die Revolution des Reiches Gottes und die Gesellschaft. Walter Jens wird später schreiben: "Geist über den Wassern, verbunden mit luzider Argumentation. Bisweilen klingt es, als habe Descartes dem Martin Luther King die Feder geführt. Zornig-leise Rede über den Himmeln....".[186] Ist der Zornschwaden verflogen, wird deutlich, dass neben Descartes und King auch ein Paulus, ein Luther, ein Barth die Feder mitführten; wird deutlich, dass auch hier, wie in allen politischen Schriften, der Prediger dem Revolutionär die Vorgaben machte. Ihm, Gollwitzer, ging es darum, dass die am Kreuz Jesu bezeugte Liebe Gottes allen Menschen gilt, dass wir Christen den Auftrag haben, für die größtmögliche irdische Gerechtigkeit zu sorgen und ja den Ruf zur Umkehr nicht versäumen. [187]

Der mit Christus Verbundene lebt als Glied einer neuen Welt, deren "Lebensweise nicht Zwang sondern Freiheit ist und nicht Vergewaltigung des Nächsten sondern Dienst am Nächsten." Darum wird "die Jesus-Jüngerschaft eine Schar von Kämpfern gegen die Gewalt sein." [188]

Gewalt ist ein Bazillus; nicht nur als tötende Gewalt allgegenwärtig. Wer in die Kämpfe dieser Welt geschickt, wird sich auch diesem Mittel - als letzte Möglichkeit, als ultima ratio - zuwenden müssen, wohlwissend, dass dem Jesus-Jünger, dieses Mittel eigentlich zuwider.

Wie soll das gehen? Leiden an den Widersprüchen !

Eindeutig dagegen: Nur die Verheißung. Gottes eigenes Versprechen, alles neu zu machen. Seine Revolution. Sie ist es, die uns mobilisert. "Die Revolution, die wir nicht machen, befähigt uns zu der Revolution, die wir zu machen haben;" ... denn "Das Reich Gottes meint alle Veränderungen übertreffende, die Welt ans Ziel bringende, uns unverfügba-

---

[186] W. Jens, Salut für H. Gollwitzer in Junge Kirche : 12 / 88; S. 669
[187] Chr. Keller, a.a.O. S 7
[188] H. Gollwitzer, Die Revolution des Reiches Gottes und die Gesellschaft; Feil/Weth Hrsg. in Diakussion zur "Theologie der Revolution"; München 1969, S. 41-64

re Revolution."[189] Gollwitzer nannte diese Verheißung, die Gott selbst und allein einlösen wird: die absolute Utopie des Reiches Gottes.
Gut, dass wir sie haben. Gut, wenn sie uns mobilisiert. Ohne diese Verheißung sähen wir nur Futurum vor uns, eine Hoffnung, die sich auf das Vorhandene richtet.
Die Verheißung aber sagt das Kommen, den Adventus Gottes an. So kommt Neues in diese alte Welt. Neues, das uns nicht träge macht sondern uns mobilisiert.
Im Namen dessen, der kommt, wird die Macht dieser Welt, und die der Machthaber, kritisiert und bestritten. Der Freund Gustav Heinemann sagte es so: "Die Herren dieser Welt kommen und gehen; aber unser Herr kommt!" Und weil er in ganz anderer Weise Herr ist, als die, die sich als Herren und Fürsten gebärden, wird ihre Macht untergraben und bestritten. Untergraben und bestritten wird auch der Messianismus, denn "Das Reich Gottes ist nicht das Ergebnis eines Produktionsprozesses der Geschichte, seine Transzendenz ist von uns aus nicht zu überwinden."[190] Aber: Dieses noch ort-lose Reich Gottes, das wir nicht machen können und nicht zu machen brauchen, das bestimmt dennoch unsere Gegenwart, in zweifacher Weise :
- Gottes Geist ist in unserer Mitte. Wir verkündigen das Zukünftige und das Kommende, wir sagen es an.
- Wir vergleichen das Bestehende mit dieser Verheißung. Im Namen der Verheißung kritisieren wir es und beginnen unsere Gegenwart *"in Entsprechung"* zu verändern.
Hier hat Karl Barth die Feder geführt. Hier wird der eschatologische Vorbehalt zur neuen ethischen Kategorie. Was wir aber nicht machen können, das macht uns nicht untätig. Was wir nicht zu machen brauchen, weil Gott es machen wird. mobilisert uns im Rahmen des noch Bestehenden zu *entsprechenden* Taten.
Entsprechung meint: Hier wird nicht Irgendetwas getan. Hier wird im Blick auf die absoluten Utopie, das der Jüngerschaft Gemäße, das Entsprechende im Hier und Jetzt getan. Gollwitzer nannte dies, die relative Utopie. Sie ist von der Verheißung der absoluten nicht zu lösen.
Gollwitzer wies auf, wie wichtig für die Kämpfe der Jüngerschaft, diese Unterscheidung ist: Der Mensch kann aufhören, sich selbst zum Gott zu machen. Er bleibt Mensch, mit seinen entsprechenden Taten. *"Auf sein Werk laßt uns schauen, wenn mein Werk soll bestehn ..."*, singt der Liederdichter.
Im Errichten der uns möglichen sozialistischen Gesellschaft werden nicht alle Menschheitsfragen und Probleme beantwortet sein. Die von uns errichtete noch so perfekte sozia-

[189] ebenda S.45
[190] ebenda S.55

listische Gesellschaft ist keine restlos befriedete; so beantwortet die Arbeit an ihr nicht die Sinnfrage. Nicht der Mensch, auch nicht die edele, reife sozialistische Persönlichkeit, Gott ist und bleibt, "alles in allem".

Gollwitzer begann demzufolge sein Traktat im Aufzählen dessen, was die Jesusjüngerschaft im Kampf für eine bessere, gerechtere Gesellschaft einzubringen hat:

- Selbstkritik und Bußfertigkeit gegen die Gefahr der Rechthaberei.
- Das Wissen darum, dass der Mensch Sünder ist und bleibt. Auch in der noch so gelungenen Gesellschaft wird es die Versuchung geben, Privilegien aufzubauen und Gewaltmittel zu seinem Gunsten gegen andere Menschen zu richten.
- Der Jesus - Jünger sollte gelernt haben, Person und Sache zu trennen. Er wird folglich seine Gegner nicht verteufeln, wohl seinen Irrtum bekämpfen. Wieder Heinemann: *"Jesus Christus ist nicht gegen Josef Stalin, Jesus Christus ist für uns alle gestorben."*
- Weil der Christ um die großen Veränderungen des kommenden Reiches weiß, kann er sich über jeden kleinen Schritt freuen, die im Hier und Jetzt in Entsprechung getan werden. Er wird sich aber nicht ausruhen; er bleibt unbescheiden, weil das jeweils Erreichte meilenweit von dem entfernt ist, was wir erwarten dürfen.
- Weil der Christ in jedem Menschen, ein von Got geliebtes und begehrtes Geschöpf sieht, beweist er den Respekt vor der Freiheit jedes einzelnen Gewissens. [191]

Nun noch einige Farbtupfer für das Bild der "relativen Utopie", - sonst bleibt es blaß, zu strohern, zu formal. Indem Gollwitzer aufzeigte, was für ihn die erstrebte und zu erkämpfende sozialistische Gesellschaft ist, zeichnete er immer zugleich nach, was in der augenblicklichen Gesellschaft nicht vorhanden ist. Die Hoffnung auf Kommendes, auf Neues ist immer zugleich Kritik am herrschenden System. Die Kritik am herrschenden System läßt deutlich werden, welche Widerspräche in der anzustrebenden Gesellschaft überwunden werden müßten.

Auf der Württembergischen Landessynode, am 29.2.1980 in Bad Mergentheim, formulierte Gollwitzer jenen Widerspruch und bezog darin Position :

"Die immanenten Widersprüche der bürgerlichen Gesellschaft haben heute zu einer extremen Krisensituation geführt. Unser Wohlstand hat zu seiner Kehrseite das Elend der Dritten Welt und die psychische Verelendung bei uns. Die Fortschritte, die das kapitalistische Wirtschaftssystem wenigstens für uns in den Industrienationen gebracht hat, werden heute überwunden von den destruktiven Elementen dieses Systems.

[191] frei übertragen nach Gollwitzer Anm. 33, hier S. 41-42

Da ist der Widerspruch zwischen der Proklamierung gleicher Menschen- und Bürgerrechte und ihrer strukturellen Verweigerung durch die ungleiche Machtverteilung im Produktionssystem -,
der Widerspruch zwischen Verfügungsrecht über die Produktionsmittel, das die Menschen voneinander trennt, und der gemeinsamen Arbeit, die sie vereint -,
der Widerspruch zwischen den Industrienationen und den durch Kolonialismus und planetarische Ausbreitung der kapitalistischen Produktionsweise in ihrer eigenen Entwicklung aufgehaltenen Völker der Dritten Welt -,
der Widerspruch zwischen den übermächtigen Multis und den von den Regierungen zu wahrenden Interessen des Volkswohls -,
der Widerspruch zwischen der ungeheuerenen Verschwendung von Energie und Ressourcen und deren irdischer Begrenztheit -,
der Widerspruch zwischen der proklamierten Demokratie und den demokratoisch nicht kontrollierten Machtballungen in Wirtschaft, Bürokratie und im industriell-militärischen Komplex -,
der Widerspruch zwischen reich und arm, der - im Gegensatz zu den mit der kapitalistischen Entwicklung verbundenen früherenen Hoffnungen- nicht ab, sondern so zugenommen hat, dass es 1980 mehr Hungernde, mehr Analphabeten und eine größere Kluft zwischen Nord und Süd gibt also 1970 ..." [192]
So wurde für Gollwitzer das Kommen des Reiches Gottes zur Kritik unserer Gegenwart. Ein großes Ziel liegt vor der Jüngerschaft. Viele notwendige große Schritte, ja Sprünge zeichnen sich ab. Die Jüngerschaft wird in die Kämpfe dieser Welt verwickelt. In diesen Kämpfen ist sie nicht allein, sie verbündet sich mit allen Menschen, guten Willens.
Wie sich für die Gemeinde aus der absoluten Utopie, die relative entwickelt ? Für Gollwitzer nie anders als so, dass die Gemeinde der Verheißungen Gottes gedenkt, sie liest und aus ihnen ihren konkreten Auftrag heraushört. Das könnte so aussehen : [193]
"Gott wird abschwischen alle Tränen aus unseren Augen. Der Tod wird nicht mehr sein, noch Leid, noch Geschrei, noch Schmerz ..." (Offenbarung 21)
Gott wird dies alles tun. Aber in der Zwischenzeit wollen wir nicht untätig sein. In der uns verbleibenden Zwischenzeit, da wollen wir mit unseren Kräften und Möglichkeiten das tun, was wir vermögen:

---

[192] H. Gollwitzer, siehe Anm. 21; S. 56-57
[193] S. Eisermann: siehe Ausblick: Betrachtungen zu Off 21, S. 97ff, hier S. 100 f

Den Tod werden wir nicht besiegen;

aber das können wir: Uns auflehnen gegen alles Tötende. Und Aufschreien können wir gegen die Todesmaschinerien hier und da. Und solidarisieren können wir uns mit all den guten Menschenrechtsbewegungen wie amnesty internatonal. Und unsere Türen sollten wir weiter offenhalten für alle Menschen, die bei uns Zuflucht suchen, weil sie in ihren Heimatländern verfolgt oder gar mit dem Tod bedroht werden.

Das Leid aus dieser Welt werden wir nicht ausradieren;

aber das können wir: Uns bemühen, damit auf dieser Welt immer weniger Menschen Schmerzen empfinden müssen, dafür arbeiten, dass immer weniger Tränen fließen. Und dort wo sie fließen, da wollen wir die Hand des Weinenden halten, damit er in seiner Trauer die Hand eines lebenden Menschen spürt.

Nein, die neue Stadt Gottes, die werden wir nicht errichten.

Müssen wir auch nicht. Gott selbst spricht: Siehe i c h mache alles neu. Er wird es tun. Wieviel Leid ist auf dieser Welt entstanden durch blinden Eifer, durch Intoleranz weil Menschen meinten, sie könnten das Goldene Zeitalter oder das Reich Gottes oder eine neue, befriedete menschliche Gesellschaft bauen.

Die meisten Scheiterhaufen, Konzentrations- und Vernichtungslager wurden dort errichtet, wo Menschen andere Menschen mit Eifer und Gewalt in eine angebliche bessere Zukunft zwingen wollten.

Laßt uns bei der vorgegebenen Arbeitsteilung bleiben:

Gott wird a l l e s neu machen, den neuen Himmel und die neue Erde.

Wir wollen auf das blicken, was wir erhoffen und dann wollen wir mit unseren Möglichkeiten diese alte Erde so mitgestalten, dass sie unserer Hoffnung immer ähnlicher werde.

Gollwitzer mußte erkennen, wie vor ihm Karl Barth, dass der Theologe mit seinem Handwerkzeug an Grenzen kommt. Beide forderten die "doppelte Qualifikation", ohne dies Wort zu verwenden. Der Wunsch Gollwitzers, nun noch Gesellschaftswissenschaften zu studieren, blieb unerfüllt.

Der Kampf der Jüngerschaft für eine bessere, gerechtere Welt, für eine sozialistische eben, kann, wie das Ziel, nur ein grenzenüberwinder, also ein solidarischer sein.

3
Ausblick

Offenbarung 21,1-7

Und ich sah einen neuen Himmel und eine neue Erde; denn der erste Himmel und die erste Erde sind vergangen, und das Meer ist nicht mehr. Und ich sah die heilige Stadt, das neue Jerusalem, von Gott aus dem Himmel herabkommen, bereitet wie eine geschmückte Braut für ihren Mann. Und ich hörte eine große Stimme von dem Thron her, die sprach: Siehe da, die Hütte Gottes bei den Menschen! Und er wird bei ihnen wohnen, und sie werden sein Volk sein, und er selbst, Gott mit ihnen, wird ihr Gott sein; und Gott wird abwischen alle Tränen von ihren Augen, und der Tod wird nicht mehr sein, noch Leid noch Geschrei noch Schmerz wird mehr sein; denn das Erste ist vergangen.

Und der auf dem Thron saß, sprach: Siehe, ich mache alles neu! Und er spricht: Schreibe, denn diese Worte sind wahrhaftig und gewiß! Und er sprach zu mir: Es ist geschehen. Ich bin das A und das O, der Anfang und das Ende. Ich will dem Durstigen geben von der Quelle des lebendigen Wassers umsonst. Wer überwindet, der wird es alles ererben, und ich werde sein Gott sein, und er wird mein Sohn sein.

Das Ende des dunklen Tunnels ist erreicht.

Die lange, beklemmende, bedrohliche Fahrt ist zu Ende. Dieser Bibeltext, wie gleißendes Licht. Unsere Augen, noch an die Dunkelheit, an die finsteren Mächte gewöhnt, sind überfordert. Nur blinzelnd nehmen wir wahr, was da auf uns zukommt. Das, was uns belastete, was unser Leben einengte, was uns Mühe und Angst machte, das alles soll ein Ende gefunden haben! Neues, wirklich Neues kommt auf uns zu!

Für den Seher Johannes, ganz real: **"Siehe da ...!"** Schaut hin. Reißt die Augen auf. Nehmt wahr, wie alles neu wird. *"Vergesset, was dahinten liegt und euren Weg beschwert ...!"* [194]

Siehe da: Diese alte bedrohliche Erde auf der jeder zum Wolf des anderen wurde, sie ist nicht mehr.

Siehe da: Der alte Drache mit seinen säbelrasselnden, machtlüsternden Tieren, die uns bald einen Schrecken einjagten, dann uns zur Bewunderung zwangen und schließlich zur Anbetung sogar; siehe da, dieser "altböse Feind" ist erledigt, einfürallemal.

Siehe da: Bewunderung und Anbetung, ungeteilter Lobpreis nur noch dem einen, dem erwürgtem Lamm. Kein Gezeter und kein Gezerre mehr um die Macht. Siehe da, die Hütte

[194] August Hermann Franke, Nun aufwärts, froh den Blick ... EG 394, Vers 2

Gottes bei uns Menschen. Hier laßt uns bleiben. Hier können wir atmen. Hier können wir leben. Es ist alles neu geworden!
Das, was Johannes, der Seher, von der neuen Welt Gottes wahrnahm und was er dann in wenigen Strichen niederschreib, ist von unübertroffener Einfachheit und Präzision:
"Gott selbst wird bei uns Menschen wohnen. Er wird alle Tränen abwischen. Der Tod wird nicht sein; noch Leid, noch Geschrei, noch Schmerz."
Wie blutleer - abstrakt dagegen unsere Bilder. Für einen Zeitgenossen ist die neue Welt Gottes, "das unverrechenbare Einbrechen einer begrifflich nicht aussagbaren Wirklichkeit in unser Heute!"
Nicht wahr, so reden, so philosophieren wir heute: Blutleer - abstraktes Gerede. Da ist kein gleißendes Licht. Dieser Schreiberling hat nichts gesehen. Er wagt nicht den Blick in die neue Welt Gottes. Während Johannes: **"Siehe da!"** niederschreibt, faselt dieser Zeitgenosse von einer *"begrifflich nicht - aussagbaren Wirklichkeit."* So ist das: Wo Gott selbst zu einer Chiffre, zu einer abstrakten Denkfigur verkümmert, da gehen auch der Hoffnung alle Bilder aus. Soll Hoffnung mobilisieren, so braucht sie Bilder, die zum Aufbruch reizen.

Solche Hoffnungsbilder sah Abram:
"Sieh die Sterne am Himmel. Sieh den Sand am Meer. Ich will dich zu einem großen Volk machen; will dich segnen und du sollst ein Segen sein ..."

Solche Hoffnungsbilder sah Mose:
"Gott will uns in ein Land führen, in dem Milch und Honig fließt ..."

Solche Hoffnungsbilder sah das gefangene Volk in der Wüste:
"Wenn der Herr uns befreien wird, dann werden wir sein wie die Träumenden ... die Elenden hören gute Botschaft, die Zerbrochenen verbunden, die Gefangenen werden befreit, die Gebundenen sind frei und ledig ..."

Und mit solchen Hoffnungsbildern sammelte Jesus die Zerstreuten:
"Gücklich seid ihr, denn euch geistlichen Armen gehört Gottes neue Welt; glücklich ihr Leidtragenden, ihr werdet getröstet. Glücklich ihr Sanftmütigen, ihr werdet die Erde besitzen; glücklich ihr Hungernden und Dürstenden, ihr werdet satt ..."

Solche Hoffnung mobilisiert. Solche Hoffnung hilft, die Siebensachen zu packen um sich auf den Weg in das Neue zu wagen. Wir wollen ja nicht nur hören, dass es etwas zu hoffen gibt; wir wollen sehen, worauf wir hoffen dürfen.
Und bei solchem Sehen, nehmen unsere Augen nur wahr, was sie schon kennen. Zwar kann Johannes davon sprechen, dass der erste Himmel und die erste Erde vergangen

sind und dass Gott spricht: **"Siehe ich mache a l l e s neu!"**, aber wenn er dann niederschreibt, w a s er gesehen hat, dann kommt uns doch einiges bekannt vor: Der neue Himmel ist wieder eine Stadt. Und Jerusalem, der Name dieser Stadt, ist auch aus dem Alten gegriffen. Und der, der in der neuen Stadt Gottes die Macht hat, der sitzt wie die alten Machthaber auf dem Thron.
Um das Neue zu beschreiben, braucht Johannes Bilder und Vorstellungen aus der alten, aus der vergangenen Welt.
Das hat zwei Gründe. Der naheliegenste Grund ist der, dass wir nur diese Welt, eben die alte vergehende Erde kennen. Solange wir auf dieser Erde leben, verstehen wir nur die Sprache dieser Erde und können uns nur mit ihren Bilder verständigen.
Dort, wo die Evangelisten das nachösterliche Geschehen beschreiben, da können wir Gleiches beobachten. Auch da greift Neues und Altes ineinander. Von dem Auferstanden wird berichtet, dass er tatsächlich der am Kreuz Gestorbene sei. Die Jünger erkennen ihn an den Wundmalen - aber der, den sie wiedererkennen, der kann nun durch verschlossene Wände und Türen gehen. Andererseits: Der, der sich losgelöst von unserer irdischen Leiblichkeit gleichzeitig an mehreren Stellen sehen läßt, der ißt mit seinen Jüngern einen schwerverdaulichen, gebratenen Fisch.
Die Evangelisten verkündigen mit immer neuen Bildern:
Der Auferstandene ist der Gekreuzigte. Der zum neuen Leben Erweckte wird aber nicht sogleich erkannt: Am leeren Grab wird er nicht erkannt. Maria aus Magdala, Jesu engste Vertraute, hält ihn für einen Gärtner. Und auch auf dem Weg nach Emmaus wird der zu neuem Leben Erweckte nicht erkannt. Die Jünger halten ihren Weggefährten für einen uninformierten Zeitgenossen. Mit dieser neuen Welt Gottes ist es tatsächlich so, wie es Paulus beschreibt: Wir verlassen **den irdischen Leib; auferstehen wird ein geistlicher Leib.**

Geistlicher Leib? Diese Begriffszusammenstellung macht deutlich: Hier, in Gottes neuer Welt, greift ineinander, was für uns nicht zusammenzupassen scheint. Wir können eben als Bewohner dieser alten, vergehenden Erde nicht anders von der neuen Welt Gottes reden.
Der andere Grund, warum die neue Welt Gottes, Ähnlichkeiten mit der vergangenen, der alten Welt aufweist, ist tiefgreifender. Die neue Stadt Gottes ist nicht irgendein Wolkenkuckucksheim, auch nicht das Schlaraffenland aus dem Märchen. Der Herr der neuen Stadt Gottes ist der Schöpfer des Paradieses, des Gartens Eden. Seine Schöpfung war sehr gut.

Und der, dem in der neuen Stadt Gottes Lobpreis und Dank gesungen wird, ist das **"erwürgte Lamm"**. In ihm und mit ihm hat Gott diese Welt geliebt hat.
Der neue Himmel und die neue Erde ist die alte, die ursprüngliche Schöpfung neu. Die ursprüngliche Schöpfung braucht nicht korrigiert, sie braucht nicht überholt zu werden. In der neuen Stadt holt Gott die alte Schöpfung zurück. Sie wird wieder, was am Anfang war. Vergehen wird das, was wir Menschen verspielt und verdorben haben. Der Fluch ist aufgehoben. Die Mühsal ist von uns Menschen genommen. Die Natur ist nicht mehr gegen uns. Wir müssen nicht mehr im Schweiße unseres Angesichtes unser Brot essen. Unsere Zukunft ist nicht mehr das Grab.

Das wird unsere Zukunft sein:
"Gott wird abwischen alle Tränen aus unseren Augen. Der Tod wird nicht mehr sein, noch Leid, noch Geschrei, noch Schmerz ..."

Das ist das letzte, das alles zusammenfassende, das glühende Hoffnungsbild der Bibel.
Wir sahen: Überall, wo Menschen mit biblischen Hoffnungsbildern konfrontiert wurden, ließen sie das alte, das versklavte, das hoffnungsarme Leben zurück.
Abram verließ sein Vaterhaus und seine Freundschaft und zog in das Land, in das Gott ihn wies.
Mose trat vor Pharao: Laß mein geknechtetes, verklavtes Volk ziehen. Und der Herr hat eine herrliche Tat getan. Sie zogen zukunftsfroh und dann wieder verbiestert und murrend in das Land der Verheißung.
Die Verschleppten an den Wasserflüssen Babylons hörten: **"Bereitet dem Herrn den Weg in der Wüste. Der Herr kommt gewaltig ..."** Und sie waren wie die Träumenden. Sie zogen zurück. Sie machten sich auf und bauten; sie bauten die alte Stadt Gottes neu. Kümmerlich sah sie aus; aber die Freude am Herrn sollte ihre Stärke sein und bleiben.
Und als Jesus uns sah, da sah er uns als durcheinanderirrende, verkommene Herde, die keine Hirten hat. **"Kommt her, alle kommt her. Ihr sollt Gäste und Erben der neuen Gottestadt sein ..."**
Abram ließ sich einladen. Und Mose brach mit dem Volk auf. Und als es so weit war, zogen die Flüchlingen zurück in ihre alte, in ihre angestammte Heimat. Die Bilder der Hoffnung, die Bilder des neuen Lebens vor Augen.
Und das ist nun unsere Zukunft, das sind nun die Bilder der des neuen Lebens, die uns mobilisieren wollen:
"Gott wird abwischen alle Tränen aus unseren Augen. Der Tod wird nicht mehr sein, noch Leid, noch Geschrei, noch Schmerz ..."

Ja, Gott wird dies alles tun. Aber in der Zwischenzeit wollen wir nicht untätig sein. In der uns verbleibenden Zwischenzeit, da wollen wir mit unseren Kräften und Möglichkeiten das tun, was wir vermögen:

Den Tod werden wir nicht besiegen;

aber das können wir:

uns auflehnen gegen alles Tötende. Und Aufschreien können wir gegen die Todesmaschinerien hier und da. Und solidarisieren können wir uns mit all den guten Menschenrechtsbewegungen wie amnesty international. Und unsere Türen sollten wir weiter offenhalten für alle Menschen, die bei uns Zuflucht suchen, weil sie in ihren Heimatländern verfolgt oder gar mit dem Tod bedroht werden.

Das Leid aus dieser Welt werden wir nicht ausradieren;

aber das können wir:

Uns bemühen, damit auf dieser Welt immer weniger Menschen Schmerzen empfinden müssen, dafür arbeiten, dass immer weniger Tränen fließen. Und dort wo sie fließen, da wollen wir die Hand des Weinenden halten, damit er in seiner Trauer die Hand eines lebenden Menschen spürt.

Nein, die neue Stadt Gottes, die werden *wir* nicht errichten. Müssen wir auch nicht. Gott selbst spricht: **Siehe i c h mache alles neu.** Er wird es tun.
Wieviel Leid ist auf dieser Welt entstanden durch blinden Eifer, durch Intoleranz weil Menschen meinten, sie könnten das Goldene Zeitalter oder das Reich Gottes oder eine neue, befriedete menschliche Gesellschaft bauen.
Die meisten Scheiterhaufen, Konzentrations - und Vernichtungslager wurden dort errichtet, wo Menschen andere Menschen mit Eifer und Gewalt in eine angebliche bessere Zukunft zwingen wollten.

Laßt uns bei der vorgegebenen Arbeitsteilung bleiben:
Gott wird a l l e s neu machen, den neuen Himmel und die neue Erde.
Wir wollen auf das blicken, was wir erhoffen und dann wollen wir mit unseren Möglichkeiten diese alte Erde so mit gestalten, dass sie unserer Hoffnung immer ähnlicher werde.

Maranatha, ja komm, Herr Jesus.

Printed by Books on Demand GmbH, Norderstedt / Germany